中等职业教育财经商贸大类专业系列教材

Shuifei Jisuan Yu
Zhineng Shenbao

# 税费计算与智能申报 （第四版）

于家臻　王兆立　主　编

东北财经大学出版社　大连
Dongbei University of Finance & Economics Press

**图书在版编目（CIP）数据**

税费计算与智能申报 / 于家臻，王兆立主编. —4版. —大连：东北财经大学出版社，2024.1（2025.2重印）

（中等职业教育财经商贸大类专业系列教材）

ISBN 978-7-5654-5117-1

Ⅰ. 税… Ⅱ. ①于… ②王… Ⅲ. ①税费–计算–中等专业学校–教材 ②纳税–税收管理–中国–中等专业学校–教材 Ⅳ. ①F810.423 ②F812.42

中国国家版本馆CIP数据核字（2024）第007298号

东北财经大学出版社出版

（大连市黑石礁尖山街217号 邮政编码 116025）

网 址：http://www.dufep.cn

读者信箱：dufep@dufe.edu.cn

大连市东晟印刷有限公司印刷 东北财经大学出版社发行

幅面尺寸：185mm×260mm 字数：299千字 印张：13.25

2024年1月第4版 2025年2月第2次印刷

责任编辑：周 欢 徐 群 责任校对：刘贤恩

封面设计：原 皓 版式设计：原 皓

定价：36.00元

教育部等九部门印发的《职业教育提质培优行动计划（2020—2023年）》提出，加强职业教育教材建设，注重吸收行业发展的新知识、新技术、新工艺、新方法，校企合作开发专业课教材。一方面，该计划强调了职业教育教材建设的重要性；另一方面，该计划指出了教材建设的方法和路径。教材是知识的载体和教学的依据，做好职业教育教材建设，是推动职业院校课堂教学革命，提升课堂教学质量的重要保障。

本教材是在《税费计算与缴纳》（第三版）的基础之上，为了紧跟我国税制改革的步伐，对接《中等职业教育专业简介（2022年）》的基本要求而修订完善的，同时更名为《税费计算与智能申报》。

自《税费计算与缴纳》（第三版）出版发行以来，得到了全国职业院校财经商贸大类专业广大师生的好评，收到了很多宝贵的意见和建议。本次修订重点体现了国家颁布的最新财税政策，扩写和修订了增值税等项目的有关内容；为了更好地发挥课后习题的有效性，使任务教学更加直观，将"拓展提升"模块以二维码的形式嵌入教材，通过扫描教材中的二维码可以获取相关的多媒体学习资源，从而更好地实现教材学习资源线上线下的有机结合。

本教材具有以下突出特点：

一是体现国家职业教育改革精神，落实立德树人根本任务。本教材注重"能力本位"的职业教育理念，突出"做中学，做中教"的职业教育特色，将理论知识和实训内容有机地融合在一起，在完成税收理论学习的同时，通过大量的例题、案例分析和实训，培养学生从事涉税业务办理的实践操作能力，进一步强化了教材的实用性。

二是突破传统教材的编写模式，打造业、财、税一体的新型教材。本教材以企业实际工作任务为目标，以实际工作流程为导向，重新整合了与税务会计岗位有关的税收法律法规、税费计算与智能申报的知识点，尤其是"纳税申报表"的填写；同时根据企业工作情景精心设计了各类情景案例，引导学生按照企业实际工作流程，全面学习如何解决我国当前税收实际问题，突出体现了企业税务会计工作的整体性和真实性。

三是采用项目—任务式教学设计，使教材内容更加科学合理。教材的每个项目均由几个任务来实现，各任务下面设置了"任务描述""案例导入""知识准备""任务实施""实践活动"等模块。各项目后面设有"项目小结"，同时在正文中根据学习需要设置了"想一想""小提示""知识链接""线上小课堂"等栏目，从而将教材内容立体化、智能化地展现在学生面前，实现了理论与实践的有机融合，达到了教材"立足理论，突出实践，学以致用"的目的。

四是为了方便教师教学和学生学习使用，本教材还配套编有《税费计算与智能申报——导学与习题》一书。

五是本教材所涉及的有关增值税发票，均以最新的电票版式为例；同时深入贯彻"金税四期"改革的有关精神，注重体现数字化、智能化的理念和时代要求。

本教材由正高级讲师于家臻、王兆立担任主编，刘春胜、李萍、单玉萍、代文宁担任副主编。参与本教材修订编写工作的团队成员分别是：山东省教育科学研究院于家臻；临沂市高级财经学校王兆立、刘春胜、管艳梅、高志艳、王爱民；烟台经济学校李萍；烟台工贸学校单玉萍；聊城高级财经职业学校代文宁；济宁市高级职业学校王美静；淄博电子工程学校李丹；山东丰融信息科技有限公司高级工程师张建超。全书由王兆立负责统稿，朱传霞负责审稿，于家臻总纂并定稿。

此外，在本教材修订编写过程中参考了部分同类教材的有关资料，在此向有关作者一并表示感谢！由于编写团队成员的知识、能力有限，书中疏漏、错误之处在所难免，敬请各位专家、同仁和广大读者批评指正。

编　者

2023 年 11 月

目录

# 项目一　税收基本知识

## 任务 1.1　认识税收

### ■ ■ ■ ■ 任务描述

学习税收的首要任务是认识税收。本任务中学生通过学习税收的概念、特征、税制构成要素以及税收的分类，初步了解税收的基本知识，为后面学习各税种的计算与缴纳奠定理论基础。

【案例导入】

诚信代理记账公司因工作需要招聘办税员，公司负责人李霞到某职业学校会计专业进行面试。为了考查应聘的同学们对税收基本知识的掌握情况，李霞出了如下面试题目：

（1）税收的三个基本要素是什么？

（2）免征额和起征点有什么区别和联系？

■■　■■　■　知识准备

## 一、税收的概念

什么是税收？税收和我们有什么关系？作为纳税人，我们应该怎么缴税？

全国新型冠状病毒肺炎疫情期间，针对疫情防控和经济社会发展的要求，党中央、国务院陆续部署出台了一系列税收优惠政策，全力支持企业复工复产，让纳税人实实在在享受到相关税费优惠。这些税收政策与同学们的生活、学习有着密切关系。

哪里有国家，哪里就有税收。通过国家税收组织，为自身的存在和发展提供物质保障。哪里有税，哪里就有法，它是税法的法律基础和法律保障。

税收是国家为了实现其职能，凭借政治权力，按照法律规定，强制、无偿地取得财政收入的一种特定分配形式。税收的概念包含以下三个方面的意思：

（1）税收是一种分配形式。征税的过程就是国家把一部分国民收入和社会产品，以税收的形式转变为国家所有的分配过程。

（2）税收是以国家为主体，凭借政治权力进行的分配。税收是一种特殊的分配形式，凭借的是国家的政治权力，国家征税不受所有权的限制，对不同所有者普遍适用。

（3）税收的目的是满足社会公共需要。国家在履行其职能的过程中必须要有相应的人力和物力消耗，由此形成一定的公共支出，这种公共支出一般不可能自愿付出，而只能采取强制征收的方式进行。国家征税的目的是满足提供社会公共产品的需要，以及弥补市场失灵、促进公平分配的需要。同时，国家征税受到所提供的公共产品规模和质量的制约。

拓展提升1-1

【想一想】

我们的日常生活中哪些现象是与税收有关系的？

中国税收的历史发展，邀你扫描"拓展提升1-1"二维码。

中国税收发展史　　## 二、税收的特征

作为筹集财政收入的工具，税收具有三个基本特征：强制性、无偿性和固定性。

（1）强制性，是指国家以社会管理者的身份，用法律、法规等形式对税收制度加以规定，并依照规定强制征收。如果纳税人不依法纳税，就要受到法律的制裁。

（2）无偿性，是指国家征税后，税款成为财政收入，不再直接归还给纳税人，也不支付任何报酬。应该注意的是，对具体纳税人而言，税收是无偿的；而对纳税人整体而言，税收又是有偿的。政府将所征收的税款用于提供公共产品，如通过修路、修桥、建立社会保障体系等方式为纳税人提供相应的服务，体现了税收"取之于民，用之于民"的宗旨。

（3）固定性，是指国家通过法律形式，预先规定了征税对象、纳税人和征税标准等纳税行为规则，征纳双方都必须遵守，不能随意改变。一方面，纳税人只要有应税行为，就应当承担纳税义务，按照法定标准缴纳税款；另一方面，国家对纳税人征税也只能按照预定的标准进行，不能随意变更征收标准。

税收点亮美好生活，邀你扫描"线上小课堂1-1"二维码。

税收的"三性"特征是一个完整的统一体，相辅相成、缺一不可。其中，税收的无偿性是核心，强制性是保证，固定性是上述二者的必然结果。

线上小课堂
1-1

（微视频）税
收点亮美好
生活

### 三、税收制度构成要素

税收制度构成要素，也称税法构成要素，是指组成税收法律制度的共同要素，简称税制构成要素，一般包括总则、纳税义务人、征税对象、税率、纳税环节、纳税期限、纳税地点、减免税等。其中，纳税义务人、征税对象、税率是税制的基本构成要素。

#### （一）纳税义务人

纳税义务人，简称纳税人，是指税法规定的直接负有纳税义务的单位和个人，是纳税主体。税法规定了纳税人，就解决了对谁征税的问题。纳税义务人包括自然人和法人。在税收理论与实践中，与纳税人相关的概念有负税人和代扣代缴义务人。

##### 1.负税人

负税人就是实际负担税款的单位和个人。负税人与纳税人有些情况是一致的，有些情况是不一致的。如果税收负担（如企业所得税、个人所得税）不能转嫁，其负税人与纳税人就是一致的；如果税收负担（如消费税）能转嫁，一般会通过提高产品售价的方式将税收负担转嫁给消费者，这种情况下负税人与纳税人则是不一致的。

【小提示】

纳税人与负税人有时候一致，有时候不一致。

##### 2.代扣代缴义务人

代扣代缴义务人，也称扣缴义务人，即有义务从持有的纳税人收入中扣除应纳税款并代为缴纳的企业、单位或个人。比如，《中华人民共和国个人所得税法》规定，个人所得税以收入的取得人为纳税人，以支付其收入的单位和个人为扣缴义务人。

#### （二）征税对象

征税对象，是征税客体，是税法中规定征税的目的物。税法规定征税对象，就解决了对什么征税的问题。征税对象是税法最基本的要素，因为它体现了征税的最基本界限，决定了某一种税的基本征税范围。同时，征税对象决定了各个不同税种的名称，征税对象是一种税区别于另一种税的根本标志。

【小提示】

消费税、资源税、个人所得税等税种因征税对象不同，税目也就不同。

与征税对象相关的概念有计税依据和税目。

##### 1.计税依据

计税依据，又称税基，是指税法中规定的计算应纳税额的依据和标准，是对征税对象的量的规定。

征税对象与计税依据有着密切的关系：征税对象是征税的目的物，计税依据则是在目的物已经确定的前提下，对目的物据以计算应纳税额的标准。前者是从质的方面对征税进行规定，即对什么征税；后者是从量的方面对征税进行规定，即如何计量。有些税的征税对象和计税依据是一致的，如所得税中的应税所得额，既是征税对象，又是计税依据；有些税的征税对象和计税依据是不一致的，如房产税的征税对象是房产，它的计税依据则是房产的计税价值或租金收入。

**2.税目**

税目是对各个税种规定的具体征税项目，反映具体的征税范围，是对征税对象质的界定。设置税目的目的是明确具体的征税范围，凡列入税目的即为应税项目，未列入税目的，则不属于应税项目。比如，烟、酒、高档化妆品等15种消费品是消费税的税目，这就是消费税的征税范围，而像税目之外的电视机、电冰箱等属于非应税消费品，就不属于消费税的应税项目。

**(三) 税率**

税率是应纳税额与征税对象之间的数量关系或比例，是计算税额的尺度，也是衡量税收负担轻重与否的重要标志。我国现行税率主要有比例税率、累进税率和定额税率3种基本形式。

**1.比例税率**

比例税率是对同一征税对象，不论数额大小，都按同一比例征税。例如，增值税的基本税率是13%、企业所得税的税率是25%等，都属于比例税率。比例税率是最常见的税率之一，具有横向公平性，其主要优点是计算简便，便于征收和缴纳。

**2.累进税率**

累进税率，是指按征税对象数额的大小规定不同的等级，数额越大，等级越高，不同等级适用由低到高不同的税率。按照累进依据和累进方式的不同，累进税率分为全额累进税率、超额累进税率和超率累进税率。我国现行税收体系中涉及到的有超额累进税率和超率累进税率。

(1) 超额累进税率，即把征税对象按数额大小分成若干等级，每一个等级适用一级税率，征税对象的数额在哪一级次则按哪一级次的税率计算，仅就超过的部分按高一级的税率计算征收，然后将计算出的每级税额相加，得出的就是应纳税额。目前采用这种税率的是个人所得税中的综合所得。表1-1是个人所得税税率表。

表1-1　　　　　　　　　　**个人所得税税率表**

(综合所得适用)

| 级数 | 全年应纳税所得额 | 税率（%） | 速算扣除数（元） |
|---|---|---|---|
| 1 | 不超过36 000元的 | 3 | 0 |
| 2 | 超过36 000元至144 000元的部分 | 10 | 2 520 |
| 3 | 超过144 000元至300 000元的部分 | 20 | 16 920 |
| 4 | 超过300 000元至420 000元的部分 | 25 | 31 920 |
| 5 | 超过420 000元至660 000元的部分 | 30 | 52 920 |
| 6 | 超过660 000元至960 000元的部分 | 35 | 85 920 |
| 7 | 超过960 000元的部分 | 45 | 181 920 |

（2）超率累进税率，即以征税对象的相对率划分若干级距，分别规定相应的差别税率，相对率每超过一个级距的，对超过部分就按高一级的税率计算征税。目前采用这种税率的是土地增值税，土地增值税税率表，见表1-2。

表1-2 　　　　　　　　　　　　土地增值税税率表

| 级数 | 增值额占扣除项目金额的比例 | 税率（%） | 速算扣除系数（%） |
|------|--------------------------|----------|------------------|
| 1 | 未超过扣除项目金额50%的 | 30 | 0 |
| 2 | 超过扣除项目金额50%但不超过扣除项目金额100%的部分 | 40 | 5 |
| 3 | 超过扣除项目金额100%但不超过扣除项目金额200%的部分 | 50 | 15 |
| 4 | 超过扣除项目金额200%的部分 | 60 | 35 |

### 3.定额税率

定额税率，又称固定税率，是对单位征税对象规定固定的税额，是税率的一种特殊形式，一般适用于从量计征的税种。例如，城镇土地使用税、车船税采用的就是定额税率。

### （四）纳税环节

纳税环节，是指税法规定的征税对象在从生产到消费的整个流转过程中应当缴纳税款的环节，如流转税在生产和流通环节纳税、所得税在分配环节纳税等。

### （五）纳税期限

纳税期限，是指税法规定的纳税人向税务机关缴纳税款的具体时间。我国现行税制的纳税期限一般有以下3种形式：

#### 1.按期征收

依据纳税义务的发生时间，确定纳税间隔期，实行按期纳税。按期纳税间隔期分为1天、3天、5天、10天、15天、1个月和1个季度。纳税人的具体纳税间隔期由其主管税务机关按规定核定。

#### 2.按次纳税

不能按照固定期限纳税的，可根据纳税行为的发生次数确定纳税期限。例如，车辆购置税，个人所得税中的利息、股息、红利所得和偶然所得等都采用按次纳税的办法。

#### 3.按年计征，分期预缴

按规定的期限预缴税款，年度结束后汇算清缴，多退少补。分期预缴一般是按月或按季预缴。企业所得税采用的是这种方法。

### （六）纳税地点

纳税地点，是指纳税人申报纳税的地点。我国现行税制规定的纳税地点一般为机构所在地、劳务提供地、财产所在地、报关地等。

### （七）减免税

减税是对应纳税额减征一部分税款，免税是对应纳税额全部免征。减免税是对某些纳税人和征税对象给予鼓励和照顾的一种措施，制定这种特殊规定，一方面是为了鼓励和支持某些行业和项目的发展，另一方面是为了照顾纳税人的特殊困难。减免税有3种形式：

### 1.税基式减免

税基式减免是通过缩小计税依据方式来实现税收减免，具体应用形式有起征点、免征额等。

起征点，是指开始计征税款的界限。征税对象数额没达到起征点的不征税，达到起征点的就按全部数额征税。

免征额，是指在征税对象全部数额中免予征税的数额，也称费用扣除标准。它是按照一定标准从征税对象的全部数额中预先扣除的数额，免征额部分不征税，只对超过免征额部分征税。

例如，李四的月工资为5 001元，如按起征点5 000元征税，就要以全部的5 001元为基数征税；如果按免征额5 000元征税，就只对超出的1元钱征税。

### 2.税率式减免

税率式减免是通过降低税率的方式来实现税收的减免。

### 3.税额式减免

税额式减免是通过直接减免税收的方式来实现税收减免，具体包括全额免征、减半征收等。

**【想一想】**

个人所得税中工资、薪金所得，以每月收入额减除费用5 000元及其他扣除项目金额后的余额为应纳税所得额，这里的5 000元是免征额还是起征点？

**【案例导入分析】**

多数同学都能够顺利地回答问题。李艳同学回答得最好，如下：

（1）纳税义务人、征税对象和税率是税收制度构成的基本要素。纳税义务人是纳税主体，征税对象是征税客体，税率是税制的中心环节。

（2）免征额和起征点既有区别，又有联系。

①区别：当征税对象的额度大于起征点和免征额时，采用起征点制度的要对征税对象的全部数额征税；采用免征额制度的仅对征税对象超过免征额部分征税。

二者的侧重点不同，前者照顾的是低收入者，后者则是对所有纳税人的照顾。

②联系：二者均属于减免税范围，一般都是针对个人。当征税对象的额度小于起征点和免征额时，二者都不予以征税。

## 四、税收分类

我国现行税制结构是以流转税、所得税并重为主体，其他税种配合发挥作用的税制体系。党的二十大报告指出，健全现代预算制度，优化税制结构，完善财政转移支付体系。

### （一）以征税对象为标准分类

按征税对象的不同进行分类是最常见的一种分类方法。以征税对象为标准可以将我国税种划分为流转税类、所得税类、财产税类、资源税类和行为税类5大类。

### 1.流转税类

流转税类是以商品或劳务买卖的流转额为征税对象的税种。我国现行税收体系中属于流转税类的有增值税、消费税和关税，城市维护建设税和教育费附加属于流转税类的附加税。

### 2.所得税类

所得税类是以纳税人的所得额为征税对象的税种。我国现行税收体系中属于所得税类的有企业所得税、个人所得税，其特点是可以调节纳税人之间的收入，发挥其公平税负和调整分配关系的作用。

### 3.财产税类

财产税类是以纳税人拥有或支配的财产为征税对象的税种。我国现行税收体系中属于财产税类的有房产税、车船税、契税等。

### 4.资源税类

资源税类是对纳税人因开发和利用自然资源获取的收入为征税对象的税种。我国现行税收体系中属于资源税类的有资源税、城镇土地使用税、土地增值税和耕地占用税等。

### 5.行为税类

行为税类是以纳税人所发生的某种特定行为为征税对象的税种。我国现行税收体系中属于行为税类的有印花税、车辆购置税等。

## （二）以税收收入的归属权为标准分类

### 1.中央税

中央税，是指税收收入归中央一级政府所有的税种，主要有消费税、车辆购置税、证券交易印花税、关税和进口环节的增值税和消费税。

### 2.地方税

地方税，是指税收收入归地方各级政府所有的税种，如城镇土地使用税、耕地占用税、房产税、土地增值税、契税等。

### 3.中央和地方共享税

中央和地方共享税，是指税收收入由中央和地方按一定的比例分成的税种。具体来说，中央和地方共享税主要包括以下税种：①增值税（不含进口环节由海关代征的部分），中央分享50%，地方分享50%；②企业所得税，中国铁路总公司（原铁道部）、各银行总行及海洋石油企业缴纳的部分归中央，其余部分中央分享60%，地方分享40%；③个人所得税，除储蓄存款利息所得的个人所得税外，其余部分中央分享60%，地方分享40%；④资源税，按不同的资源品种划分，部分资源税作为地方收入，海洋石油资源税作为中央收入。

## （三）以计税依据为标准分类

### 1.从价税

从价税是以征税对象的价值或价格为计税依据的税种，一般采用比例税率，如增值税、个人所得税等。

### 2.从量税

从量税是以征税对象的数量、重量、容量、面积和体积等为计税依据的税种，一般采用定额税率，如耕地占用税、城镇土地使用税等。

### 3.复合税

复合税是对征税对象采取从价和从量相结合的复合计税的方法征收的税种，如对卷烟、白酒征收的消费税等。

## （四）以税收与价格的关系为标准分类

### 1.价内税

价内税是将税金作为价格组成部分、必须按含税价计税的税种，如消费税。

### 2.价外税

价外税是税金不属于价格的组成部分的税种，如增值税。

## （五）按税负是否转嫁为标准分类

### 1.直接税

直接税，是指由纳税人直接负担，不易转嫁的税种，如所得税、财产税等。

### 2.间接税

间接税，是指纳税人能将税负转嫁他人的税种，如增值税、消费税、关税等。

## ▰▰▰ 任务实施

### 实践活动1

【活动目标】

通过练习，进一步熟悉税收的基本知识。

【活动要求】

下列选择题中有四个选项，请根据税收的基本知识，选择出一个或多个正确选项。

【活动实施】

1.税收的特征包括（      ）。

A.强制性          B.有偿性          C.无偿性          D.固定性

2.关于税率，下列说法错误的有（      ）。

A.我国个人所得税中的"工资、薪金所得"项目采用的是超额累进税率

B.目前我国还没有采用超率累进税率

C.车船税属于比例税率

D.税率是应纳税额与征税对象之间的数量关系或比例，也是衡量税收负担轻重与否的重要标志

3.关于税收分类，下列说法正确的有（      ）。

A.流转税类中有增值税、消费税和印花税

B.土地增值税属于资源税类

C.对卷烟、白酒征收的消费税属于复合税

D.房产税属于财产税类

【活动指导】

1.本题考查的是税收的特征。税收具有强制性、无偿性和固定性的特点。答案为ACD。

2.本题考查的是税制构成要素中的税率。目前我国土地增值税采用超率累进税率，车船税属于定额税率。答案为BC。

3.本题考查的是税收分类。流转税类中有增值税、消费税和关税。答案为BCD。

**实践活动2**

【活动目标】

通过社会实践，初步认识税收。

【活动要求】

以小组为单位，通过走访税务机关、企业，以及上网查找有关资料，进一步了解和认识税收的相关知识，并制作PPT，写出调查报告，以小组为单位进行交流。

【活动实施】

1.以小组为单位，走访税务机关、企业，并上网查找有关资料，了解税收在世界范围及在我国的发展过程、税收的特点、税制构成要素等基本知识。

2.整理收集的材料，以小组为单位制作PPT，写出调查报告，在班级内进行交流。

【活动指导】

1.建议尽可能多地选择税务机关及有代表性的企业作为调查对象。

2.在调查时可以先列出调查提纲，有针对性地进行调查。

3.在调查时可以采用录音、录像、拍照、问卷等方式，尽可能全面地进行调查。

4.整理材料并进行数据分析，在此基础上形成调查结果：PPT和调查报告，并进行交流。

# 任务1.2　纳税事项

## ■ ■ ■ 任务描述

税务登记、纳税信息管理和发票管理是纳税申报工作的基础和前提。通过本任务的学习，学生应掌握信息报告、发票领用与缴销等基本知识，为胜任涉税会计岗位工作打下良好的基础。

【案例导入】

诚信代理记账公司招聘办税员的工作于2023年7月5日进入最紧张的实战考核阶段。李霞要求应聘的同学为拟设立的公司办理有关纳税事项，同学们摩拳擦掌、跃跃欲试，都想在实战中一展身手。

请思考：新设立的公司有哪些纳税事项需要办理呢？

■■■■ 知识准备

# 一、税务登记

## （一）税务登记的概念

税务登记是税务机关对纳税人的生产、经营活动进行登记并据此对纳税人实施税务管理的一种法律制度。它主要包括设立（开业）税务登记、变更税务登记、停业复业税务登记和注销税务登记等。税务登记是整个税收征收管理的起点，由此纳税人的身份及征纳双方的法律关系得到了确认。

## （二）税务登记的内容

我国现行税务登记制度主要包括设立（开业）税务登记、变更税务登记、注销税务登记等。

### 1.设立（开业）税务登记

设立（开业）税务登记，又称注册登记，是指新开业户在正式生产经营之前，在办理工商登记领取营业执照后，依法就有关纳税事项，向生产经营所在地税务机关办理登记的法定手续，是整个税收征管的首要环节，办理开业税务登记是纳税人必须履行的法定义务。

### 2.变更税务登记

变更税务登记，是指纳税人在办理设立（开业）税务登记后，因需要对原登记内容进行更改，而向原税务机关申报办理的税务登记。

【知识链接】

变更税务登记的范围：

（1）改变名称；（2）改变法人代表；（3）改变经济性质或类型；（4）改变住所或经营地点；（5）改变生产经营范围或经营方式；（6）增减注册资本；（7）改变隶属关系；（8）改变生产经营期限；（9）改变开户银行和账号；（10）改变生产经营权属及其他税务登记内容。

线上小课堂
1-2

税务事项办理
更方便

随着智能税务的不断改革，纳税事项办理更加方便。邀你扫描"线上小课堂1-2"二维码。

### 3.注销税务登记

注销税务登记，是指纳税人在办理税务登记后，因发生特定情形，需要在所登记的税务机关终止纳税，而注销其登记的行为。

【知识链接】

注销税务登记的范围：

（1）纳税人因发生解散、破产、撤销及其他情形，依法终止纳税义务的。

（2）纳税人因住所、经营地点变动而涉及改变税务登记机关的。

（3）纳税人被市场监督管理局吊销营业执照的。

（4）境外企业在中国境内承包建筑、安装、装配、勘探工程和提供劳务的，其在建项目完工、离开中国的。

（5）纳税人依法终止履行纳税义务的其他行为。

### （三）"五证合一、一照一码"登记制度

#### 1. "五证合一、一照一码"登记制度的概念

"五证合一、一照一码"登记制度，是指将企业登记时依次申请，分别由市场监管部门核发工商营业执照、质监部门核发组织机构代码证、税务部门核发税务登记证、人力社保部门核发社会保险登记证、统计部门核发统计登记证，改为一次申请、由市场监管部门核发一个加载法人和其他组织统一社会信用代码的营业执照，即"一照一码"登记模式。

#### 2. "五证合一、一照一码"登记制度的基本内容

为深化商事制度改革、优化营商环境、推动大众创业万众创新。2016年6月30日，国务院办公厅印发《关于加快推进"五证合一、一照一码"登记制度改革的通知》，指出在前期全面实施工商营业执照、组织机构代码证、税务登记证"三证合一"登记制度改革的基础上，再整合社会保险登记证和统计登记证，实现"五证合一、一照一码"登记制度。

【小提示】

我国自2013年开始实施商事制度改革；自2015年10月1日起，"三证合一、一照一码"在全国施行；自2016年10月1日起，"五证合一、一照一码"全面推开。

【知识链接】

统一社会信用代码，是指对法人和其他组织建立覆盖全面、稳定且唯一的统一社会信用代码，该代码设计为18位，一个主体只能拥有一个统一代码，一个统一代码只能赋予一个主体。主体注销后，该代码将被留存，保留回溯查询功能。

#### 3. "五证合一、一照一码"登记制度的适用主体范围

"五证合一、一照一码"登记制度改革适用于依法由市场监管部门登记的除个体工商户以外的所有市场主体，包括各类企业、农民专业合作社及其分支机构。

【知识链接】

自2016年12月1日起，对个体工商户全面实施"两证合一"。也就是说，将原有个体工商户登记时依次申请营业执照和税务登记证，改为一次申请、由市场监管部门核发一个营业执照。该营业执照具有原营业执照和税务登记证的功能，税务部门不再发放税务登记证。此次"两证合一"改革没有设置过渡期。对于改革前设立的个体工商户申请办理变更登记或主动要求换照的，换发加载统一社会信用代码的营业执照。对未取得加载统一社会信用代码营业执照的个体工商户，其原有营业执照和税务登记证继续有效。

#### 4. "一照一码"营业执照的适用业务范围

"五证合一、一照一码"登记制度改革后，原需要使用营业执照、组织机构代码证、税务登记证、社会保险登记证、统计登记证，办理银行开户、缴纳社保费、办理房产登记、办理车辆登记等相关事务的，企业持"五证合一"后的营业执照都可以办理。根据改革要求，各相关部门都要在各自的领域认可、使用、推广"一照一码"营业执照，实现"五证合一、一照一码"后的营业执照在各地各领域互认互通。

#### 5. "五证合一"办证流程

"五证合一"办证模式采取"一表申请、一窗受理、并联审批、一份证照"的流程。首先，办证人持工商网报系统申请审核通过后打印的新设企业"五证合一"登记申

请表，携带其他纸质资料，前往大厅"多证合一"综合受理窗口。然后，在窗口核对信息资料，无误后，将信息导入工商准入系统，生成工商注册号，并在"五证合一"打证平台生成各部门号码，补录相关信息。同时，窗口专员将企业材料扫描，与工商企业注册登记联办流转申请表传递至质监、税务、人力社保、统计四部门，由四部门分别完成后台信息录入。"五证合一"办证流程如图1-1所示。

图1-1　"五证合一"办证流程

"五证合一"办理流程，邀你扫描"线上小课堂1–3"二维码。

线上小课堂
1–3

"五证合一"
办理流程

## 二、信息报告

### (一) 一照一码户信息确认

一照一码户登记信息确认，是指已实行"多证合一、一照一码"登记模式的纳税人，首次办理涉税事宜时，对市场监督管理等部门共享信息进行确认。

一照一码户信息确认无须提供材料，可通过办税服务厅（场所）、电子税务局即时办结。

### (二) 存款账户账号报告

从事生产、经营的纳税人在开立或者变更存款账户后，依照法律、行政法规规定，将全部账号向税务机关报告。

此项业务可通过办税服务厅（场所）、电子税务局即时办理办结，可在全国、省内、同城通办。

### (三) 财务会计制度及核算软件备案报告

从事生产、经营的纳税人的财务、会计制度或者财务、会计处理办法和会计核算软件，应当报送税务机关备案。

此项业务可通过办税服务厅（场所）、电子税务局办理，属于即办事项，可在全国、省内、同城通办。

### (四) 银税三方（委托）划缴协议

纳税人需要使用电子缴税系统缴纳税费的，可以与税务机关、开户银行签署委托银行代缴税款三方协议或委托划转税款协议，实现使用电子缴税系统缴纳税费、滞纳金和罚款。

此项业务可通过办税服务厅（场所）、电子税务局即时办理办结，可在全国、省内、同城通办。

## 三、发票管理

### (一) 发票票种核定

纳税人需领用发票的，向主管税务机关申请办理发票领用手续。主管税务机关根据纳税人的经营范围和规模，确认领用发票的种类、数量、开票限额等事宜。

已办理发票票种核定的纳税人，当前领用发票的种类、数量或者开票限额不能满足经营需要的，可以向主管税务机关提出调整。

此项业务可通过办税服务厅（场所）、电子税务局办理，5个工作日内办结。在办理增值税普通发票、增值税电子普通发票、收费公路通行费增值税电子普通发票、机动车销售统一发票、二手车销售统一发票票种核定事项时，除税务机关按规定确定的高风险等情形外，即时办结。

### (二) 发票领用

纳税人在发票票种核定的范围（发票种类、领用数量、发票限额）内领用发票（金税四期实施后发票限额取消）。

此项业务可通过办税服务厅（场所）、电子税务局、自助办税终端办理，可在同城通办，即时办结。

纳税信用A级的纳税人可一次领取不超过3个月的增值税发票用量。纳税信用B级的纳税人可一次领取不超过2个月的增值税发票用量。

开具发票的单位和个人应当按照税务机关的规定存放和保管发票，不得擅自损毁。已经开具的发票存根联和发票领用簿，应当保存5年。

### （三）发票缴销

纳税人因信息变更或清税注销，跨区域经营活动结束，发票换版、损毁等原因按规定需要缴销发票的，到税务机关进行缴销处理。税务机关对纳税人领用的空白发票做剪角处理。

此项业务可通过办税服务厅（场所）、电子税务局办理，即时办结。

开具发票的纳税人应当在办理信息变更（纳税人因住所、经营地点变动，涉及改变主管税务机关的）或者清税注销的同时，办理发票的缴销手续。

使用增值税发票管理系统的纳税人办理清税注销时，应将结存未用的纸质增值税发票送交主管税务机关进行剪角作废，同时作废相应的发票数据电文。

**【案例导入分析】**

新设立的公司需要办理以下纳税事项：

（1）税务登记。

（2）信息报告：一照一码户信息确认；存款账户账号报告；财务会计制度及核算软件备案报告；银税三方（委托）划缴协议。

（3）发票管理：发票票种核定；发票领用。

### ■ ■ ■ ■ 任务实施

### 实践活动

**【活动目标】**

通过练习，进一步熟悉税务登记的相关知识。

**【活动要求】**

下列选择题中有四个选项，请根据税务登记的相关知识，选择出一个或多个正确选项。

**【活动实施】**

1.根据税收征收管理法律制度的规定，纳税人发生下列情形时，应办理税务注销登记的有（　　）。

A.破产　　　　　　　　　　　B.变更法定代表人

C.被吊销营业执照　　　　　　D.暂停经营活动

2.信息报告包括（　　）。

A.一照一码户信息确认　　　　B.存款账户账号报告

C.财务会计制度及核算软件备案报告　　D.银税三方（委托）划缴协议

3."五证合一"中的"五证"除工商营业执照外,还包括( )。

A.组织机构代码证      B.税务登记证

C.社会保险登记证      D.统计登记证

【活动指导】

1.本题考查注销登记的相关规定。纳税人变更法定代表人的,需要办理变更登记;纳税人暂停经营活动的,需要办理停业登记,而不是注销税务登记。答案为AC。

2.本题考查信息报告的基本内容。信息报告的基本内容包括:(1)一照一码户信息确认;(2)存款账户账号报告;(3)财务会计制度及核算软件备案报告;(4)银税三方(委托)划缴协议。答案为ABCD。

3.本题考查"五证合一"登记制度的内容。"五证"具体是指工商营业执照、组织机构代码证、税务登记证、社会保险登记证和统计登记证。答案为ABCD。

# 项目小结

本项目主要有认识税收和纳税事项两项任务。

认识税收是学习税收知识的起点和基础,介绍了税收的基本理论知识,学生应重点理解税收的概念和特点;掌握税制构成要素,尤其是纳税义务人、计税依据、税目、税率等要素;掌握税收按不同标准的分类。

税务登记、纳税信息管理和发票管理是纳税申报工作的基础和前提。学生应掌握信息报告、发票领用与缴销等基本知识。

# 项目二　增值税计算与智能申报

─────────────────── □ **知识目标**

1.理解增值税的基本法规知识。
2.掌握增值税应纳税额的计算。
3.掌握出口退税的计算。
4.掌握增值税的纳税申报和税款缴纳。

─────────────────── □ **能力目标**

1.能够正确判断哪些项目应当征收增值税，适用何种税率。
2.能够根据业务资料计算应纳增值税额和出口退税额。
3.会根据业务资料填制增值税纳税申报表，并进行增值税网上申报。

─────────────────── □ **素养目标**

1.培养精益求精的工匠精神。
2.培养规则意识和标准意识。
3.培养税务筹划的节税意识。

## 任务 2.1　认识增值税

■　■　■　**任务描述**

增值税是现行税制中最为重要的税种，本任务主要学习增值税的概念、类型、特征、纳税人、征税范围、税率等主要税收法律规定，学生应全面理解增值税，为增值税的计算与缴纳做好知识准备。完成本项任务时，要求重点掌握增值税的基本要素规定。

【**案例导入**】

山水公司是一家经营陶瓷用品的经销商，大多数陶瓷用品都需要安装。王老板问张会计："我们是在销售陶瓷用品的同时为客户安装呢，还是另成立一个安装公司呢？请你分析一下有关税收方面的问题，然后向我报告。"过了几天，张会计提交了税收方面的报告，你想知道他是怎样回答的吗？

■　■■　■　知识准备

## 一、增值税概述

### （一）增值税的概念

增值税是对在中国境内销售货物、服务（劳务）、无形资产或不动产以及进口货物的单位和个人取得的增值额为征税对象征收的一种税。简单地说，增值税就是对增值额的征税。

### （二）增值税的特征

增值税与其他流转税相比有以下特征：

（1）按增值额征税，避免了重复征税问题，税收负担不受生产经营环节多少和生产经营结构的影响。它只就销售额中的增值部分征税，对销售额中已征过税的部分不再征税，从而有效地避免了重复征税。

（2）实行价外税，将税款和价款明确分开，更鲜明地体现了增值税的转嫁性质，明确企业只是税款的缴纳者，消费者才是税款的最终负担者，增强国家和企业之间分配关系的透明度。

（3）对不同经营规模的纳税人，采取不同的征收计算方法。增值税纳税人分为两大类：一类是一般纳税人，采用一般计税办法计税；另一类是小规模纳税人，采用简易计税办法计税，这有利于增值税制度的推行，简化征税，强化征管。

中国增值税的历史发展，邀你扫描"拓展提升 2-1"二维码。

拓展提升 2-1

中国增值税制度建设的回顾和展望

## 二、增值税的主要法律规定

### （一）纳税义务人

在中国境内销售货物、服务、无形资产或不动产以及进口货物的单位和个人，为增值税的纳税人。

"单位"，是指企业、行政单位、事业单位、军事单位、社会团体及其他单位。

"个人"，是指个体工商户和其他个人。

单位以承包、承租、挂靠方式经营的，承包人、承租人、挂靠人（以下统称承包人）以发包人、出租人、被挂靠人（以下统称发包人）名义对外经营并由发包人承担相关法律责任的，以该发包人为纳税人，否则，以承包人为纳税人。

诚信纳税，邀你扫描"线上小课堂 2-1"二维码。

线上小课堂 2-1

中国境外单位或个人在中国境内销售服务、无形资产或不动产而在中国境内未设有经营机构的，其应纳税款以代理人为扣缴义务人；没有代理人的，以购买者或接受方为扣缴义务人。

增值税的纳税人按其生产经营规模的大小和会计核算是否健全的标准，可以分为小规模纳税人和一般纳税人。

（微视频）《诚信纳税你我之间》

### 1.小规模纳税人

小规模纳税人，是指年应纳税销售额在规定标准以下，并且会计核算不健全，不能按规定报送有关税务资料的增值税纳税人。

自2018年5月1日起，增值税小规模纳税人标准为年应税销售额500万元及以下。

年应税销售额，是指纳税人在连续不超过12个月的经营期内累计应缴增值税销售额，包括纳税申报销售额、稽查查补销售额、纳税评估调整销售额。

年应税销售额超过小规模纳税人标准的其他个人按小规模纳税人纳税；非企业性单位、不经常发生应税行为的企业可选择按小规模纳税人纳税。

### 2.一般纳税人

一般纳税人，是指年应税销售额超过小规模纳税人标准的增值税纳税人。

小规模纳税人会计核算健全，能够提供准确税务资料的，可以向主管税务机关申请资格登记。所谓会计核算健全，是指能够按照国家统一的会计制度规定设置账簿，根据合法、有效凭证核算。

符合一般纳税人条件的纳税人应当向主管税务机关办理一般纳税人资格登记。

除国家税务总局另有规定外，纳税人一经登记为一般纳税人后，不得转为小规模纳税人。

增值税一般纳税人登记管理办法，邀你扫描"线上小课堂2-2"二维码。

【练一练】根据增值税法律制度的规定，下列纳税人应当登记为一般纳税人资格的是（ ）。

A.年应税销售额达到550万元的工厂

B.年应税销售额达到350万元的商场

C.年应税销售额达到850万元的批发公司

D.年应税服务额达到550万元的运输公司

线上小课堂
2-2

增值税一般纳税人登记管理办法

## （二）征税范围

凡在中国境内销售货物、服务、无形资产或不动产以及进口货物，均属于增值税的征税范围，具体包括：

### 1.销售货物

销售货物，是指有偿转让货物的所有权。货物，是指有形动产，包括电力、热力、气体在内。

### 2.提供加工、修理修配劳务

提供加工、修理修配劳务，又称销售应税劳务，是指在中国境内有偿提供加工修理修配劳务。加工，是指受托加工货物，即由委托方提供原料及主要材料，受托方按照委托方的要求制造货物并收取加工费的业务。修理修配，是指受托对损伤和丧失功能的货物进行修复，使其恢复原状和功能的业务。但是，单位或个体工商户聘用的员工为本单位或雇主提供加工修理修配劳务，不包括在内。

### 3.销售服务

销售服务是指提供交通运输服务、邮政服务、电信服务、建筑服务、金融服务、现代服务、生活服务。具体内容如下：

（1）交通运输服务包括陆路运输服务、水路运输服务、航空运输服务和管道运输服务。

（2）邮政服务包括邮政普遍服务、邮政特殊服务和其他邮政服务。

（3）电信服务包括基础电信服务和增值电信服务。

（4）建筑服务包括工程服务、安装服务、修缮服务、装饰服务和其他建筑服务。

（5）金融服务包括贷款服务、直接收费金融服务、保险服务和金融商品转让。

（6）现代服务包括研发和技术服务、信息技术服务、文化创意服务、物流辅助服务、租赁服务、鉴证咨询服务、广播影视服务、商务辅助服务和其他现代服务。

①研发和技术服务包括研发服务、合同能源管理服务、工程勘察勘探服务、专业技术服务；

②信息技术服务包括软件服务、电路设计及测试服务、信息系统服务、业务流程管理服务和信息系统增值服务；

③文化创意服务包括设计服务、知识产权服务、广告服务和会议展览服务；

④物流辅助服务包括航空服务、港口码头服务、货运客运场站服务、打捞救助服务、装卸搬运服务、仓储服务和收派服务；

⑤租赁服务包括融资租赁服务和经营租赁服务；

⑥鉴证咨询服务包括认证服务、鉴证服务和咨询服务；

⑦广播影视服务包括广播影视节目（作品）的制作服务、发行服务和播映（含放映）服务；

⑧商务辅助服务包括企业管理服务、经纪代理服务、人力资源服务、安全保护服务；

⑨其他现代服务，是指除研发和技术服务、信息技术服务、文化创意服务、物流辅助服务、租赁服务、鉴证咨询服务、广播影视服务和商务辅助服务以外的现代服务。

（7）生活服务包括文化体育服务、教育医疗服务、旅游娱乐服务、餐饮住宿服务、居民日常服务和其他生活服务。

①文化体育服务包括文化服务和体育服务；

②教育医疗服务包括教育服务和医疗服务；

③旅游娱乐服务包括旅游服务和娱乐服务；

④餐饮住宿服务包括餐饮服务和住宿服务；

⑤居民日常服务包括市容市政管理、家政、婚庆、养老、殡葬、照料和护理、救助救济、美容美发、按摩、桑拿、氧吧、足疗、沐浴、洗染、摄影扩印等服务；

⑥其他生活服务。

以上服务不包括：

（1）单位或者个体工商户聘用的员工为本单位或者雇主提供取得工资的服务。

（2）单位或者个体工商户为聘用的员工提供服务。

### 4.销售无形资产

销售无形资产是指有偿转让无形资产，是转让无形资产所有权或者使用权的活动。无形资产包括技术、商标、著作权、商誉、自然资源使用权和其他权益性无形资产。

（1）技术包括专利技术和非专利技术。

（2）自然资源使用权包括土地使用权、海域使用权、探矿权、采矿权、取水权和其他自然资源使用权。

（3）其他权益性无形资产包括基础设施资产经营权、公共事业特许权、配额、经营权（包括特许经营权、连锁经营权、其他经营权）、经销权、分销权、代理权、会员权、席位权、网络游戏虚拟道具、域名、名称权、肖像权、冠名权、转会费等。

### 5.销售不动产

销售不动产，是指有偿转让不动产，是转让不动产所有权的活动。不动产包括建筑物、构筑物等。

（1）建筑物包括住宅、商业营业用房、办公楼等。

（2）构筑物包括道路、桥梁、隧道、水坝等建造物。

单位或个人销售货物、服务、无形资产或不动产，不论从对方取得的是货币，还是货物或其他经济利益，均应视为有偿转让货物、服务、无形资产或不动产的销售行为。

在中国境内销售货物或者提供加工修理修配劳务，是指销售货物的起运地或者所在地在境内，提供的应税劳务发生在境内。在境内销售服务、无形资产或不动产，是指服务（租赁不动产除外）或者无形资产（自然资源使用权除外）的销售方或者购买方在境内。

### 6.进口货物

进口货物，是指申报进入中国关境内的货物，除依法征收关税外，还征收增值税。

### 7.视同销售行为

视同销售行为，就是将不属于销售范围或尚未实现销售的货物、服务、无形资产或不动产当作销售行为，征收增值税。单位或个体工商户的下列行为，应作为视同销售行为：

（1）将货物交付其他单位或个人代销。

（2）销售代销货物。

（3）设有两个以上机构并实行统一核算的纳税人，将货物从一个机构移送其他机构用于销售，但相关机构设在同一县（市）的除外。

（4）将自产、委托加工的货物用于集体福利或个人消费。

（5）将自产、委托加工或购买的货物作为投资，提供给其他单位或个体工商户。

（6）将自产、委托加工或购买的货物分配给股东或投资者。

（7）将自产、委托加工或购买的货物无偿赠送给其他单位或个人。

（8）单位或个体工商户向其他单位或个人无偿提供服务，但用于公益事业或以社会公众为对象的除外。

（9）单位或个人向其他单位或个人无偿转让无形资产或不动产，但用于公益事业或以社会公众为对象的除外。

### （三）税率和征收率

#### 1.税率

（1）基本税率。

基本税率为13%，适用于纳税人销售或者进口货物（适用9%的低税率货物除外），提供加工、修理修配劳务，以及有形动产租赁服务。

（2）低税率。

低税率分为以下两档：

①适用9%低税率的具体范围：

农产品（含粮食）、食用植物油；自来水、暖气、冷气、热水、煤气、石油液化气、天然气、沼气、二甲醚、居民用煤炭制品、食用盐；图书、报纸、杂志音像制品、电子出版物；饲料、化肥、农药、农机、农膜；提供交通运输服务、邮政服务、基础电信服务、建筑服务、不动产租赁服务；销售不动产、转让土地使用权。

②适用6%低税率的具体范围：

销售增值电信服务、金融服务、现代服务和生活服务；销售无形资产（除转让土地使用权外）。

（3）零税率。

纳税人出口货物，适用零税率，财政部和国家税务总局另有规定的除外。

境内单位和个人跨境销售国务院规定范围内的服务、无形资产，也适用零税率，具体范围由财政部和国家税务总局另行规定。

#### 2.征收率

小规模纳税人和实行简易计税办法的一般纳税人，增值税的征收率为3%。

为进一步支持小微企业和个体工商户发展，小规模纳税人适用3%征收率的应税销售收入，减按1%征收率征收增值税。本规定执行至2027年12月31日。

自2020年5月1日至2023年12月31日，从事二手车经销的纳税人销售其收购的二手车，按照简易办法依3%征收率减按0.5%征收增值税。

纳税人销售旧货，按照简易办法依照3%的征收率减按2%征收增值税。

小规模纳税人销售（不含个体工商户销售购买的住房和其他个人销售不动产）或出租（不含个人出租住房）不动产，按照简易办法依照5%的征收率征收增值税。

特殊经营行为的税务处理：

（1）混合销售。

如果一项销售行为既涉及货物又涉及服务，即为混合销售。从事货物的生产、批发、零售的单位或个体工商户的混合销售，按照销售货物缴纳增值税；其他单位和个体工商户的混合销售，按照销售服务缴纳增值税。

上述从事货物的生产、批发、零售的单位或个体工商户，包括以从事货物的生产、批发、零售为主，并兼营销售服务的单位或个体工商户在内。

（2）兼营。

纳税人销售货物、服务、无形资产或者不动产适用不同税率或者征收率的，应当分别核算适用不同税率或者征收率的销售额，未分别核算销售额的，按照以下方法适用税率或者征收率：兼有不同税率的销售货物，提供加工、修理修配劳务，销售服务、无形资产或者不动产，从高适用税率；兼有不同征收率的销售货物，提供加工、修理修配劳务，销售服务、无形资产或者不动产，从高适用征收率；兼有不同税率和征收率的销售货物，提供加工、修理修配劳务，销售服务、无形资产或者不动产，从高适用税率。

不征收增值税项目包括：

（1）根据国家指令无偿提供的铁路运输服务、航空运输服务。

（2）存款利息。

（3）被保险人获得的保险赔付。

（4）房地产主管部门或者其指定机构、公积金管理中心、开发企业以及物业管理单位代收的住宅专项维修资金。

（5）在资产重组过程中，通过合并、分立、出售、置换等方式，将全部或者部分实物资产以及与其相关联的债权、负债和劳动力一并转让给其他单位或个人，其中涉及的不动产、土地使用权转让行为。

【想一想】

某汽车制造厂生产、销售小汽车，并兼营小汽车出租，是以上所说的"兼营行为"吗？如果能够分开核算，其应适用的税率各是多少？

【练一练】下列各项中，属于混合销售行为应当按照销售货物征收增值税的有（　　）。

A.饭店提供餐饮服务的同时销售酒水

B.塑钢门窗商店销售产品，并为客户加工与安装

C.商店销售空调，并负责安装

D.肉联厂生产肉制品，同时开设饭店

【案例导入分析】

张会计通过仔细研究发现，如果在销售陶瓷用品的同时为客户安装，则属于混合销售，应当按照销售货物缴纳增值税；如果另成立一个安装公司，则属于兼营。纳税人销售货物或服务适用不同税率的，应当分别核算适用不同税率的销售额；未分别核算销售额的，从高适用税率。单纯从增值税税负角度来考虑，建议王老板按后者运作。

## 三、增值税的税收优惠

### （一）《中华人民共和国增值税暂行条例》规定的免税项目

（1）农业生产者销售的自产农产品。

（2）避孕药品和用具。

（3）古旧图书。

（4）直接用于科学研究、科学试验和教学的进口仪器、设备。

（5）外国政府、国际组织无偿援助的进口物资和设备。

（6）由残疾人的组织直接进口供残疾人专用的物品。

（7）销售的自己使用过的物品。

### （二）"营改增"政策及有关部门规定的免税项目

（1）托儿所、幼儿园提供的保育和教育服务。

（2）养老机构提供的养老服务。

（3）残疾人福利机构提供的育养服务。

（4）婚姻介绍服务。

（5）殡葬服务。

（6）残疾人员本人为社会提供的服务。

（7）医疗机构提供的医疗服务。

（8）从事学历教育的学校提供的教育服务。

（9）学生勤工俭学提供的服务。

（10）农业机耕、排灌、病虫害防治、植物保护、农牧保险以及相关技术培训业务，家禽、牲畜、水生动物的配种和疾病防治。

（11）纪念馆、博物馆、文化馆、文物保护单位管理机构、美术馆、展览馆、书画院、图书馆在自己的场所提供文化体育服务取得的第一道门票收入。

（12）寺院、宫观、清真寺和教堂举办文化、宗教活动的门票收入。

（13）个人转让著作权。

（14）个人销售自建自用住房。

（15）纳税人提供的直接或者间接国际货物运输代理服务。

（16）保险公司开办的1年期以上人身保险产品取得的保费收入。

（17）个人从事金融商品转让业务。

（18）纳税人提供技术转让、技术开发和与之相关的技术咨询、技术服务。

（19）福利彩票、体育彩票的发行收入。

（20）涉及家庭财产分割的个人无偿转让不动产、土地使用权。

另外，个人将购买不足2年的住房对外销售的，按照5%的征收率全额缴纳增值税；个人将购买2年以上（含2年）的住房对外销售的，免征增值税。上述政策适用于北京市、上海市、广州市和深圳市之外的地区。

增值税一般纳税人初次购买税控专用设备支付的费用，可凭取得的增值税专用发票，在增值税应纳税额中全额抵减（抵减额为价税合计额），不足抵减的可结转下期继续抵减。增值税一般纳税人支付的技术维护费，可凭技术服务单位开具的技术维护费发票，在增值税应纳税额中全额抵减，不足抵减的可结转下期继续抵减。

纳税人兼营免税、减税项目的，应当分别核算免税、减税项目的销售额；未分别核算销售额的，不得免税、减税。

纳税人销售货物、服务、无形资产或不动产，适用免税、减税规定的，可以放弃免税、减税，按照规定缴纳增值税。放弃免税、减税后，36个月内不得再申请免税。

### （三）起征点

为照顾小型业户，简化征管手续，对未达到增值税起征点的，免征增值税。增值税起征点不适用于登记为一般纳税人的个体工商户。

增值税起征点的幅度规定如下：

（1）按期纳税的，为月销售额 5 000～20 000 元（含本数）。

（2）按次纳税的，为每次（日）销售额 300～500 元（含本数）。

各省、自治区、直辖市财政厅（局）和税务局应在规定的幅度内，根据实际情况确定本地区适用的起征点，并报财政部、国家税务总局备案。

对月销售额 10 万元以下（含本数）的增值税小规模纳税人，免征增值税。本规定执行至 2027 年 12 月 31 日。

#### ■■■■ 任务实施

## 实践活动1

【活动目标】

通过练习，进一步熟悉增值税的基本要素规定。

【活动要求】

下列选择题中有四个选项，请根据增值税的基本知识，选择出一个或多个正确选项。

【活动实施】

1.下列单位中，属于增值税纳税人的是（　　　）。

A.造纸厂　　　　　　　　　　　　B.房地产开发公司

C.进出口公司　　　　　　　　　　D.服装加工厂

2.下列各项中，属于增值税征收范围的是（　　　）。

A.提供邮政服务　　B.提供金融服务　　C.提供生活服务　　D.提供电信服务

3.下列货物中按9%税率计算销项税额的有（　　　）。

A.电视机　　　　　　B.方便面　　　　　　C.膨化食品　　　　　D.农业机械

【活动指导】

1.本题考查的是增值税纳税人的基本规定。凡在中国境内销售货物、服务、无形资产或不动产以及进口货物的单位和个人，为增值税的纳税人。答案为ABCD。

2.本题考查的是增值税的征税范围。凡是在中国境内销售货物、服务、无形资产或不动产以及进口货物，均属于增值税的征税范围。答案为ABCD。

3.本题考查的是增值税低税率的适用范围。A、B、C选项适用13%的税率。答案为D。

## 实践活动2

【活动目标】

通过社会实践，进一步熟悉增值税的基本要素规定。

【活动要求】

选择一条比较繁华的商业街，看一看道路两旁的门店都在经营什么业务，各属于哪一类增值税业务，了解增值税纳税人的类型、适用税率或征收率等，填写增值税纳税业务调查表，见表2-1。

【活动实施】

表2-1　　　　　　　　　　　　　增值税纳税业务调查表

| 门店名称 | 经营范围 | 纳税人类型 | 适用税率或征收率 |
|---|---|---|---|
|  |  |  |  |
|  |  |  |  |
|  |  |  |  |

【活动指导】

1.建议选择有代表性的门店作为调查对象，无须面面俱到。

2.在调查时可以参考上述增值税纳税业务调查表的调查项目，也可以根据调查的实际情况调整或重新设计调查表。

# 任务2.2　增值税的计算

## ■■■■■ 任务描述

增值税的计算涉及的规定多，较为复杂，重在理解。本任务主要学习增值税销项税额的计算、进项税额的确定等内容，学生应掌握应纳税额的计算技能，为学习增值税纳税申报技能做好知识准备。

【案例导入】

环宇制衣有限公司是增值税一般纳税人，税率为13%。2023年7月份发生下列经济业务：

（1）7月5日，销售衬衣1 000件，开出增值税专用发票，金额为110 000元，税额为14 300元。

（2）7月8日，销售男士西服10套，开出增值税普通发票，含税销售额为33 900元。

（3）7月10日，采购布匹100匹，取得增值税专用发票，金额为100 000元，税额为13 000元。

请思考：该公司7月份应缴纳的增值税是多少？（已知上期无留抵税额）

■■■■■ 知识准备

## 一、一般纳税人应纳税额的计算

### (一) 销项税额的计算

销项税额，是指纳税人销售货物、服务、无形资产或不动产，按照销售额和适用税率计算并向购买方收取的增值税税额。其计算公式为：

$$销项税额=销售额×税率$$

#### 1. 计税销售额的基本规定

销售额，是指纳税人销售货物、服务、无形资产或不动产向购买方收取的全部价款和价外费用。需要注意的是，增值税是价外税，销售额必须是不含销项税额的销售额。

价外费用，是指价外向购买方收取的手续费、补贴、基金、集资费、返还利润、奖励费、违约金、滞纳金、延期付款利息、赔偿金、代收款项、代垫款项、包装费、包装物租金、储备费、优质费、运输装卸费以及其他各种性质的价外收费。但下列项目不包括在内：

（1）受托加工应征消费税的消费品所代收代缴的消费税。

（2）符合以下条件的代垫运输费用：一是承运部门的运输费用发票开具给购买方的；二是纳税人将该项发票转交给购买方的。

（3）代为收取的符合下列条件的政府性基金或者行政事业性收费：一是由国务院或者财政部批准设立的政府性基金，由国务院或者省级人民政府及其财政、价格主管部门批准设立的行政事业性收费；二是收取时开具省级以上财政部门印制的财政票据；三是所收款项全额上缴财政。

（4）销售货物的同时代办保险等而向购买方收取的保险费，以及向购买方收取的代购买方缴纳的车辆购置税、车辆牌照费。

凡价外费用，无论其会计制度如何核算，均应并入销售额计算应纳税额。

【想一想】

计税销售额包含哪些项目？不包含哪些项目？

#### 2. 计税销售额的特殊规定

（1）纳税人为销售货物出租、出借包装物而收取的押金，单独记账核算的，不并入销售额；但是对逾期未收回的包装物不再退还的押金，应并入销售额征税。需要说明的是，酒类产品收取的包装物押金，除销售啤酒、黄酒外，无论是否返还以及会计制度如何核算，均应并入当期销售额征税。

（2）纳税人采取折扣方式销售货物、服务、无形资产或不动产，如果将折扣额另开发票的，不论财务上如何处理，均不得从销售额中扣除折扣额。采取销售折扣（又称现金折扣）方式销售的，不得从销售额中扣减销售折扣，即应按销售额全额征税。

（3）采取以旧换新方式销售货物的，应按新货物的同期销售价格确定销售额，不得冲减旧货物的收购价格。但对金银首饰以旧换新业务，按销售方实际收取的不含增值税的全部价款征税。

【想一想】

当你逛商场时，发现商家有哪些打折方式？

（4）纳税人销售货物、服务、无形资产或不动产的价格明显偏低或者偏高，且不具有合理商业目的的，或者视同销售行为而无销售额的，由主管税务机关核定其销售额。税务机关可按下列顺序确定销售额：

①按纳税人最近时期销售同类货物、服务、无形资产或不动产的平均价格确定。

②按其他纳税人最近时期销售同类货物、服务、无形资产或不动产的平均价格确定。

③按组成计税价格确定。其计算公式为：

$$组成计税价格=成本×（1+成本利润率）$$

如销售的货物属于征收消费税的范围，其组成计税价格还应加上消费税税额。其计算公式为：

$$组成计税价格=成本×（1+成本利润率）+消费税税额$$

上述公式中，"成本"分为三种情况：一是销售自产货物的，为实际生产成本；二是销售外购货物的，为实际采购成本；三是销售服务、无形资产、不动产的，为实际发生成本。

一般货物的"成本利润率"根据规定统一为10%，但属于从价定率征收消费税的货物，以及销售服务、无形资产或不动产的成本利润率由国家税务总局确定。

（5）含税销售额的换算。

通常销售额是不含销项税额的。但是，在销售货物、服务、无形资产或不动产时，常采用合并定价的方法。这样，在计税时就需将含税销售额换算为不含税销售额。其计算公式为：

$$不含税销售额=含税销售额÷（1+适用税率或征收率）$$

（6）差额计税规定。

①金融商品转让，按照卖出价扣除买入价后的余额为销售额；

②纳税人提供客运场站服务，以其取得的全部价款和价外费用，扣除支付给承运方运费后的余额为销售额；

③纳税人提供旅游服务，可以选择以取得的全部价款和价外费用，扣除向旅游服务购买方收取并支付给其他单位或者个人的住宿费、餐饮费、交通费、签证费、门票费和支付给其他接团旅游企业的旅游费用后的余额为销售额；

④房地产开发企业销售其开发的房地产项目（选择简易计税方法的房地产老项目除外），以取得的全部价款和价外费用，扣除受让土地时向政府部门支付的土地价款以及向其他单位或个人支付的拆迁补偿费用后的余额为销售额。

"向政府部门支付的土地价款"，包括土地受让人向政府部门支付的征地和拆迁补偿费用、土地前期开发费用和土地出让收益等。

房地产开发企业中的一般纳税人销售其开发的房地产项目（选择简易计税方法的房地产老项目除外），在取得土地时向其他单位或个人支付的拆迁补偿费用也允许在计算销售额时扣除。纳税人按上述规定扣除拆迁补偿费用时，应提供拆迁协议、拆迁双方支付和取得拆迁补偿费用凭证等能够证明拆迁补偿费用真实性的材料。

$$销售额=\left(\begin{array}{c}全部价款和\\价外费用\end{array}-\begin{array}{c}当期允许扣除的土地价款以及向其他\\单位或个人支付的拆迁补偿费用\end{array}\right)\div(1+9\%)$$

拓展提升2-2

销售使用过的物品、固定资产、旧货增值税政策，邀你扫描"拓展提升2-2"二维码。

销售使用过的物品、固定资产、旧货增值税政策

【例2-1】 美味食品厂是增值税一般纳税人，税率为13%。2023年7月份发生下列业务：

（1）向特约经销商批发销售食品，不含税销售额为600 000元，开出增值税专用发票。

（2）向消费者直接销售食品取得含税销售额为33 900元。

（3）本月新试制一批甜味食品发放春节福利，该批产品没有同类产品销售价格，成本价为10 000元。

要求：计算该厂7月份的销项税额。

【解析】（1）向特约经销商批发销售食品：

销项税额=600 000×13%=78 000（元）

（2）向消费者直接销售食品：

销项税额=33 900÷（1+13%）×13%=3 900（元）

（3）新试制一批甜味食品发放春节福利：

销项税额=10 000×（1+10%）×13%=1 430（元）

（4）该厂7月份的销项税额：

销项税额=78 000+3 900+1 430=83 330（元）

## （二）进项税额的计算

进项税额，是指纳税人购进货物、服务、无形资产或不动产所支付或负担的增值税税额。

### 1.准予从销项税额中抵扣的进项税额

（1）从销售方取得的增值税专用发票（包括税控机动车销售统一发票）上注明的增值税税额。

线上小课堂2-3

全电发票的有关知识，邀你扫描"线上小课堂2-3"二维码。

（2）从海关取得的海关进口增值税专用缴款书上注明的增值税税额。

（微视频）全电发票培训

（3）纳税人购进农产品，取得一般纳税人开具的增值税专用发票或海关进口增值税专用缴款书的，以增值税专用发票或海关进口增值税专用缴款书上注明的增值税税额为进项税额；按照简易计税方法（依照3%征收率）计算缴纳增值税的小规模纳税人取得增值税专用发票的，以增值税专用发票上注明的金额和9%的扣除率计算进项税额；取得（开具）农产品销售发票或收购发票

的，以农产品销售发票或收购发票上注明的农产品买价和9%的扣除率计算进项税额。其计算公式为：

$$进项税额=买价\times扣除率$$

购买农产品的买价，包括纳税人购进农产品在农产品收购发票或者销售发票上注明的价款和按规定缴纳的烟叶税。

**【知识链接】**

烟叶税是向收购烟叶产品的单位征收的一种税。烟叶税实行比例税率，税率为20%。应纳税额的计算公式为：

$$应纳税额=烟叶收购全额\times税率$$

纳税人收购烟叶，应当向烟叶收购地的主管税务机关申报纳税。

纳税人购进用于生产或者委托加工适用13%税率货物的农产品，按照10%的扣除率计算进项税额。

为加强农产品增值税进项税额抵扣管理，经国务院批准，对财政部和国家税务总局纳入试点范围的增值税一般纳税人购进农产品增值税进项税额，实施核定扣除办法。

农产品增值税进项税额核定方法主要有投入产出法和成本法两种：

投入产出法的计算公式为：

$$\genfrac{}{}{0pt}{}{当期允许抵扣农产品}{增值税进项税额}=\genfrac{}{}{0pt}{}{当期农产品}{耗用数量}\times\genfrac{}{}{0pt}{}{农产品平均}{购买单价}\times扣除率\div（1+扣除率）$$

成本法的计算公式为：

$$\genfrac{}{}{0pt}{}{当期允许抵扣农产品}{增值税进项税额}=\genfrac{}{}{0pt}{}{当期主营}{业务成本}\times\genfrac{}{}{0pt}{}{农产品}{耗用率}\times扣除率\div（1+扣除率）$$

**【例2-2】** 某公司2023年7月份销售10 000吨巴氏杀菌羊乳，其主营业务成本为6 000万元，农产品耗用率为70%，原乳单耗数量为每吨1.06（国家统一扣除标准），原乳平均购买单价为4 000元/吨。

要求：分别按照投入产出法和成本法计算当期允许抵扣农产品增值税进项税额。

**【解析】**（1）按投入产出法计算：

当期允许抵扣农产品增值税进项税额=10 000×1.06×0.4×9%÷（1+9%）
　　　　　　　　　　　　　　　　=350.09（万元）

（2）按成本法计算：

当期允许抵扣农产品增值税进项税额=6 000×70%×9%÷（1+9%）=346.79（万元）

（4）纳税人购进国内旅客运输服务，其进项税额允许从销项税额中抵扣。纳税人未取得增值税专用发票的，暂按照以下规定确定进项税额：

①取得增值税电子普通发票的，为发票上注明的税额。

②取得注明旅客身份信息的航空运输电子客票行程单的，为按照下列公式计算的进项税额：

$$航空旅客运输的进项税额=（票价+燃油附加费）\div（1+9%）\times9%$$

③取得注明旅客身份信息的铁路车票的，为按照下列公式计算的进项税额：

$$铁路旅客运输的进项税额=票面金额÷（1+9\%）×9\%$$

④取得注明旅客身份信息的公路、水路等其他客票的，为按照下列公式计算的进项税额：

$$公路、水路等其他旅客运输的进项税额=票面金额÷（1+3\%）×3\%$$

（5）纳税人取得的收费公路通行费增值税电子普通发票注明的增值税税额。

（6）从境外单位或个人购进服务、无形资产或不动产，自税务机关或者扣缴义务人取得的解缴税款的完税凭证上注明的增值税税额，同时应具备书面合同、付款证明和境外单位的对账单或发票，资料不全的，其进项税额不得从销项税额中抵扣。

【想一想】

以上在进项税额抵扣时，扣税凭证包括哪些？

**2.不得从销项税额中抵扣的进项税额**

（1）用于简易计税方法计税项目、免征增值税项目、集体福利或者个人消费的购进货物、服务、无形资产或不动产，以及提供的加工、修理修配劳务。

（2）非正常损失的购进货物及相关的加工、修理修配劳务和交通运输服务。

（3）非正常损失的在产品、产成品所耗用的购进货物及相关的加工、修理修配劳务和交通运输服务。

（4）非正常损失的不动产，以及该不动产所耗用的购进货物、设计服务和建筑服务。

（5）非正常损失的不动产在建工程所耗用的购进货物、设计服务和建筑服务。

非正常损失，是指因管理不善造成货物被盗、丢失、霉烂变质，以及因违反法律法规造成货物或者不动产被依法没收、销毁、拆除的情形。

已抵扣进项税额的购进货物、劳务、服务，发生转移用途后用于集体福利或者个人消费，或者发生非正常损失的，应当将相应的进项税额从当期进项税额中扣减；无法确定该进项税额的，按照当期实际成本计算应扣减的进项税额。

一般纳税人因销售折让、中止或者退回而收回的增值税税额，应当从当期的进项税额中扣减。

（6）购进的贷款服务、餐饮服务、居民日常服务和娱乐服务。

（7）适用一般计税方法的纳税人，兼营简易计税方法计税项目、免征增值税项目而无法划分不得抵扣的进项税额，按照下列公式计算不得抵扣的进项税额：

$$\text{不得抵扣的进项税额}=\text{当期无法划分的全部进项税额}×\left(\frac{\text{当期简易计税方法计税项目销售额}+\text{免征增值税项目销售额}}{\text{当期全部销售额}}\right)$$

【例2-3】临海市酱菜厂是增值税一般纳税人，2023年7月份发生下列业务：

（1）购进生产用原材料一批，取得增值税专用发票，金额为12 000元，税额为1 560元；同时支付运费，取得增值税专用发票，运费金额为1 000元，税额为90元。

（2）购进大型货车一辆，取得机动车销售统一发票，金额为500 000元，税额为65 000元。

（3）从农民手中购进蔬菜一批，开具农产品收购发票，金额共计 30 000 元。

（4）购进电子秤 10 台，取得增值税专用发票，金额为 800 元，税额为 104 元。供本厂职工幼儿园使用。

要求：计算该厂 7 月份允许抵扣的进项税额。

【解析】（1）购进生产用原材料一批：

允许抵扣的进项税额=1 560+90=1 650（元）

（2）购进大型货车一辆：

允许抵扣的进项税额=65 000 元

（3）从农民手中购进蔬菜一批：

允许抵扣的进项税额=30 000×9%=2 700（元）

（4）购进电子秤 10 台：

不允许抵扣的进项税额=104 元

（5）该厂 7 月份允许抵扣的进项税额：

允许抵扣的进项税额=1 650+65 000+2 700=69 350（元）

### （三）应纳税额的计算

现行增值税采用购进扣税法，一般纳税人销售货物、服务、无形资产或不动产的应纳税额为当期销项税额抵扣当期进项税额后的余额。

$$应纳税额=当期销项税额-当期进项税额$$

当期销项税额小于当期进项税额不足抵扣时，其不足部分可以结转下期继续抵扣，符合条件的纳税人实行留抵退税。

【例 2-4】兰华商场是增值税一般纳税人，税率为 13%。2023 年 7 月份发生下列经济业务：

（1）购进商品，取得增值税专用发票，注明价款为 200 000 元，税款为 26 000 元。

（2）购进空调设备一台，取得增值税专用发票上注明价款为 180 000 元，税款为 23 400 元。

（3）实现不含税销售额 500 000 元。

要求：计算该商场 7 月份应缴纳的增值税。

【解析】（1）进项税额=26 000+23 400=49 400（元）

（2）销项税额=500 000×13%=65 000（元）

（3）应纳税额=65 000-49 400=15 600（元）

【例 2-5】家亮涂料厂是增值税一般纳税人，税率为 13%。2023 年 7 月份发生下列经济业务：

（1）购进化工原料一批，取得增值税专用发票，金额为 80 000 元，税额为 10 400 元。同时支付运费，取得增值税专用发票，金额为 3 000 元，税额为 270 元。

（2）购进包装物一批，取得增值税专用发票，金额为 3 000 元，税额为 390 元。

（3）销售甲种涂料 2 000 桶，开具增值税专用发票，金额为 120 000 元；同时向客户收取优质费 22 600 元，开具增值税普通发票。

要求：计算该涂料厂 7 月份应缴纳的增值税。

【解析】（1）购进化工原料一批和包装物一批：

进项税额=10 400+270+390=11 060（元）

（2）销售甲种涂料：

销项税额=120 000×13%+22 600÷（1+13%）×13%=18 200（元）

（3）该涂料厂7月份应缴纳的增值税：

应纳税额=18 200-11 060=7 140（元）

【例2-6】春天货运有限公司是增值税一般纳税人，税率为9%。2023年7月份发生如下业务：

（1）购入新货车，取得机动车销售统一发票，注明税额为51 000元。

（2）购买成品油，取得增值税专用发票，注明税额为42 500元。

（3）购买材料、低值易耗品、支付动力费用，取得增值税专用发票，注明税额为59 200元。

（4）修理货车，取得增值税普通发票，注明税额为23 400元。

（5）货运业务取得收入（含税）为905 500元。

（6）物流辅助服务取得收入（含税）为127 200元。

（7）经营性出租货车（不配司机）取得收入（含税）为702 000元。

要求：计算该公司7月份应缴纳的增值税。

【解析】（1）进项税额：

进项税额=51 000+42 500+59 200=152 700（元）

（2）销项税额：

货运业务的销项税额=905 500÷（1+9%）×9% =74 766.06（元）

物流辅助服务的销项税额=127 200÷（1+6%）×6%=7 200（元）

经营性出租货车的销项税额=702 000÷（1+13%）×13%=80 761.06（元）

销项税额= 74 766.06+7 200+80 761.06=162 727.12（元）

（3）该公司7月份应缴纳的增值税：

应纳税额=162 727.12-152 700=10 027.12（元）

【案例导入分析】

（1）该公司7月份的进项税额为13 000元。

（2）该公司7月份的销项税额为14 300+33 900÷（1+13%）×13%=18 200（元）。

（3）该公司7月份的应纳税额（增值税）为18 200-13 000=5 200（元）。

## 二、小规模纳税人应纳税额的计算

小规模纳税人销售货物、服务、无形资产或不动产，应纳税额的计算采用简易办法，即按销售额乘以3%的征收率，不得抵扣进项税额。采取销售额与税额合并定价的，应将其换算为不含税销售额，计算公式为：

$$不含税销售额=含税销售额÷（1+征收率）$$
$$应纳税额=不含税销售额×征收率$$

【例2-7】大华超市为增值税小规模纳税人，选择按季纳税，适用征收率为1%，

2023年第2季度实现零售额为313 100元。

要求：计算该超市2023年第2季度应缴纳的增值税。

【解析】应纳税额=313 100÷（1+1%）×1%=3 100（元）

【例2-8】兰华货运站为增值税小规模纳税人，选择按月纳税，适用征收率为1%，2023年7月份取得货运业务收入（含税）99 000元。

要求：计算该货运站7月份应缴纳的增值税。

【解析】不含税销售额=99 000÷（1+1%）=98 019.80（元），月销售额不超过10万元，享受小微企业暂免征收增值税优惠政策。

【例2-9】华阳租赁公司为增值税小规模纳税人，选择按月纳税，适用征收率为1%，2023年7月份出租一批汽车，取得租金收入（含税）185 400元。

要求：计算该公司7月份应缴纳的增值税。

【解析】应纳税额=185 400÷（1+1%）×1%=1 835.64（元）

### 三、进口货物应纳税额的计算

纳税人进口货物以组成计税价格为计算其增值税的计税依据。其计算公式如下：

$$组成计税价格=关税完税价格+关税+消费税$$
$$应纳税额=组成计税价格×税率$$

从以上计算公式中可以看出，进口货物增值税的组成计税价格中包括已纳关税税额，如果进口货物属于消费税应税消费品，其组成计税价格中还应包括已纳消费税税额。

【例2-10】华源进出口公司2023年7月份从美国进口一批空调，完税价格为800 000元，关税为160 000元。

要求：计算该公司7月份应缴纳的增值税。

【解析】应纳税额=（800 000+160 000）×13%=124 800（元）

### 四、出口退税的计算

按照税法规定，纳税人出口货物实行零税率，实际是指货物出口时整体税负为零，不仅出口环节不征税，而且可以退还该货物以前环节已征的税款，这就是通常所说的"出口退税"。出口退税是国际上的通行做法，主要为了避免对出口货物的重复征税；同时，出口退税可使本国产品以不含税的价格进入国际市场，增强竞争能力，是国家调节货物进出口，促进对外贸易的重要手段。

纳税人出口适用零税率的货物，在向海关办理报关出口手续后，凭出口报关单等有关凭证，可以按照规定向税务机关申报办理该项出口货物的增值税退税。

#### 1.出口货物退（免）税适用范围

下列企业出口的货物，除另有规定外，给予免税并退税：

（1）出口企业出口货物。

（2）出口企业或其他单位视同出口货物。

### 2.出口货物的退税率

除财政部和国家税务总局根据国务院决定而明确的增值税出口退税率外，出口货物的退税率为其适用税率。

### 3.出口货物退税的计算

（1）"免、抵、退"税的计算方法。

生产企业出口自产货物和视同自产货物及对外提供加工、修理修配劳务，实行"免、抵、退"税管理办法。

实行"免、抵、退"税管理办法的"免"税，是指对生产企业出口免征生产销售环节增值税；"抵"税，是指生产企业出口所耗用的原材料、零部件、燃料、动力等所含应予退还的进项税额，抵顶内销货物的应纳税额；"退"税，是指生产企业出口在当月内应抵顶的进项税额大于应纳税额时，对未抵顶完的部分予以退税。

（2）"免、退"税的计算方法。

不具有生产能力的出口企业或其他单位出口货物、劳务，免征增值税，相应的进项税额予以退还。其计算公式为：

$$\text{应退税额} = \frac{\text{购进出口货物的增值税专用发票注明的金额或}}{\text{海关进口增值税专用缴款书注明的完税价格}} \times \text{出口货物退税率}$$

【例2-11】金秋进出口有限公司2023年7月份购进服装5 000件，增值税专用发票上注明金额为77 500元，税额为10 075元。出口至美国，离岸价为2万美元（汇率为1美元=6.747 6元人民币），服装退税率为13%。

要求：计算该公司7月份的应退税额。

【解析】应退税额=77 500×13%=10 075（元）

## ■ ■ ■ 任务实施

### 实践活动1

【活动目标】

通过练习，进一步掌握增值税税额计算的主要法律规定。

【活动要求】

下列选择题中有四个选项，请根据增值税的基本知识，选择出一个或多个正确选项。

【活动实施】

1.下列项目中，即使取得法定扣税凭证，也不得从销项税额中抵扣其税额的是（　　　）。

A.购进的用于对外投资的钢材

B.购进的用于职工福利的大米

C.购进的用于无偿赠送的运动服装

D.购进的用于分配给股东的汽车

2.计算销项税额的销售额不包括（　　　）。

A.全部价款　　　　　　　　　　　　　　B.价外费用

C.增值税　　　　　　　　　　　　D.代收的消费税

3.根据增值税法律规定，下列属于增值税扣税凭证的是（　　　）。

A.农产品收购发票　　　　　　　　B.增值税专用发票

C.税收缴款凭证　　　　　　　　　D.海关进口增值税专用缴款书

【活动指导】

1.本题考查的是增值税进项税额不得抵扣的基本规定。用于集体福利或者个人消费的购进货物，其进项税额不得从销项税额中抵扣。答案为B。

2.本题考查的是计算增值税销项税额的规定。销售额包括向购买方收取的全部价款、价外费用，但不包括增值税和代收的消费税。答案为CD。

3.本题考查的是增值税扣税凭证范围。增值税扣税凭证，是指增值税专用发票、海关进口增值税专用缴款书、农产品收购发票、农产品销售发票和税收缴款凭证。答案为ABCD。

## 实践活动2

【活动目标】

通过网络收集资料，进一步掌握增值税税额计算的应知应会。

【活动要求】

初级、中级会计师均涉及增值税税额计算的内容，请同学们通过网络收集以上考试的历年考题，了解考题的题型、分值、涉及要点等，填写增值税历年考题调查表，见表2-2。

【活动实施】

表2-2　　　　　　　　　　　　　　增值税历年考题调查表

| 年份 | 会计师考题（初级） | | | 会计师考题（中级） | | |
|---|---|---|---|---|---|---|
| 202×年 | 题型 | 分值 | 考试要点 | 题型 | 分值 | 考试要点 |
| | | | | | | |
| 202×年 | 题型 | 分值 | 考试要点 | 题型 | 分值 | 考试要点 |
| | | | | | | |
| 202×年 | 题型 | 分值 | 考试要点 | 题型 | 分值 | 考试要点 |
| | | | | | | |

【活动指导】

1.建议选择有代表性的考题作为调查对象。

2.在调查时可以参考上述调查表的调查项目，也可以根据实际情况调整或重新设计调查表。

# 任务2.3　增值税的智能申报

■■■■ **任务描述**

　　增值税是最具现代化征收手段的一个税种，本任务主要学习增值税的征收管理规定、发票勾选、抄报税及纳税申报表的填制和网上报税流程，学生应掌握报税技能，为今后的工作运用打好基础。

【案例导入】

　　小张是华光财经学校会计事务专业的一名学生，2023年6月底刚刚毕业，就应聘到新设立的丁丁食品厂，眼看进入8月份，需要申报7月份应缴纳的增值税，你帮小张想一想，他应该准备哪些资料，按照怎样的步骤，才能完成网上申报工作？

■■■■ **知识准备**

## 一、增值税的征收管理

### （一）纳税义务发生时间

　　销售货物、服务、无形资产或不动产的纳税义务发生时间，为收讫销售额或取得索取销售款凭据的当天；先开具发票的，为开具发票的当天；进口货物，为报关进口的当天。

　　取得索取销售款项凭据的当天，是指书面合同确定的付款日期；未签订书面合同或者书面合同未确定付款日期的，为货物发出、服务及无形资产转让完成或者不动产权属变更的当天。

　　根据销售方式和结算方式的不同，其纳税义务发生时间具体规定为：

　　（1）采取直接收款方式销售货物，不论货物是否发出，均为收到销售款或者取得索取销售款凭据的当天。

　　（2）采取托收承付和委托银行收款方式销售货物，为发出货物并办妥托收手续的当天。

　　（3）采取赊销和分期收款方式销售货物，为书面合同约定的收款日期的当天，无书面合同的或者书面合同没有约定收款日期的，为货物发出的当天。

　　（4）采取预收货款方式销售货物，为货物发出的当天；纳税人采取预收款方式提供租赁服务的，其纳税义务发生时间为收到预收款的当天。

　　（5）委托其他纳税人代销货物，为收到代销单位的代销清单或者收到全部或者部分货款的当天。未收到代销清单及货款的，为发出代销货物满180天的当天。

　　（6）销售应税劳务，为提供劳务同时收讫销售款或者取得索取销售款凭据的当天。

　　（7）纳税人发生视同销售行为（第（4）项至第（6）项），为货物移送或服务、无形资产转让完成、不动产权属变更的当天。

（8）增值税扣缴义务发生时间为纳税人增值税纳税义务发生的当天。

### （二）纳税地点

（1）固定业户应当向其机构所在地的主管税务机关申报纳税。总机构和分支机构不在同一县（市）的，应当分别向各自所在地的主管税务机关申报纳税；经国务院财政、税务主管部门或者其授权的财政、税务机关批准，可以由总机构汇总向总机构所在地的主管税务机关申报纳税。

（2）固定业户到外县（市）销售货物或应税劳务，应当向其机构所在地的主管税务机关申请开具外出经营活动税收管理证明，并向其机构所在地的主管税务机关申报纳税；未开具证明的，应当向销售地或者劳务发生地的主管税务机关申报纳税；未向销售地或者劳务发生地的主管税务机关申报纳税的，由其机构所在地的主管税务机关补征税款。

（3）非固定业户销售货物、服务、无形资产或不动产，应当向销售地或者服务发生地的主管税务机关申报纳税；未向销售地或者服务发生地的主管税务机关申报纳税的，由其机构所在地或者居住地的主管税务机关补征税款。

（4）其他个人提供建筑服务，销售或者租赁不动产，转让自然资源使用权，应向建筑服务发生地、不动产所在地、自然资源所在地主管税务机关申报纳税。

（5）进口货物，应当向报关地海关申报纳税。

（6）扣缴义务人应当向其机构所在地或者居住地的主管税务机关申报缴纳其扣缴的税款。

### （三）纳税期限

增值税的纳税期限分别为1日、3日、5日、10日、15日、1个月或者1个季度。纳税人的具体纳税期限，由主管税务机关根据纳税人应纳税额的大小分别核定。以1个季度为纳税期限的规定适用于小规模纳税人、银行、财务公司、信托投资公司、信用社，以及财政部和国家税务总局规定的其他纳税人。不能按照固定期限纳税的，可以按次纳税。

增值税小规模纳税人缴纳增值税、消费税及附征的城市维护建设税、教育费附加等税费，原则上实行按季申报。

纳税人以1个月或者1个季度为1个纳税期的，自期满之日起15日内申报纳税；以1日、3日、5日、10日或者15日为1个纳税期的，自期满之日起5日内预缴税款，于次月1日起15日内申报纳税并结清上月应纳税款。

纳税人进口货物，应当自海关填发税款缴纳书之日起15日内缴纳税款。

纳税人出口货物，应当按月向税务机关申报办理该项出口货物退税。

## 二、增值税专用发票管理

增值税专用发票（以下简称专用发票），是指专门用于销售或提供增值税应税项目的一种发票。专用发票不仅是纳税人经济活动中的重要商事凭证，而且是兼记销货方销项税额和购货方进项税额的合法证明。

线上小课堂
2-4

**增值税专用发票防伪**

增值税专用发票防伪，邀你扫描"线上小课堂2-4"二维码。

**（一）专用发票的领购使用范围**

专用发票只限于增值税一般纳税人领购使用。小规模纳税人和非增值税纳税人不得领购使用。自2020年2月1日起，全面推行小规模纳税人自行开具增值税专用发票，小规模纳税人（其他个人除外）发生增值税应税行为、需要开具增值税专用发票的，可以自愿使用增值税发票管理系统自行开具。选择自行开具增值税专用发票的小规模纳税人，税务机关不再为其代开增值税专用发票。

**（二）专用发票开具范围**

纳税人销售货物或者应税劳务，应当向索取增值税专用发票的购买方开具增值税专用发票，并在增值税专用发票上分别注明销售额和销项税额。

属于下列情形之一的，不得开具增值税专用发票：

（1）向消费者个人销售货物、服务、无形资产或不动产的。

（2）销售货物、服务、无形资产或不动产适用免税规定的。

**（三）专用发票开具要求**

（1）项目齐全，与实际交易相符。

（2）字迹清楚，不得压线、错格。

（3）发票联和抵扣联加盖发票专用章。

（4）按照增值税纳税义务的发生时间开具。

（5）全电发票实施后，不超过税务局规定的限额

**（四）专用发票开具时限**

（1）采取直接收款方式销售货物，不论货物是否发出，均为收到销售款或者取得索取销售款凭据的当天。

（2）采取托收承付和委托银行收款方式销售货物，为发出货物并办妥托收手续的当天。

（3）采取赊销和分期收款方式销售货物、服务、无形资产或不动产，为书面合同约定的收款日期的当天；无书面合同的或者书面合同没有约定收款日期的，为货物发出、服务及无形资产转让完成或者不动产权属变更的当天。

（4）采取预收货款方式销售货物，为货物发出的当天；纳税人采取预收款方式提供租赁服务的，为收到预收款的当天。

（5）委托其他纳税人代销货物，为收到代销单位的代销清单或者收到全部或者部分货款的当天。未收到代销清单及货款的，为发出代销货物满180天的当天。

（6）销售应税劳务，为提供劳务同时收讫销售款或者取得索取销售款的凭据的当天。

（7）纳税人发生视同销售货物行为，为货物移送或服务、无形资产转让完成、不动产权属变更的当天。

一般纳税人必须按规定时限开具专用发票，不得提前或滞后。对已经开具专用发票的销售货物，应及时足额计入当期销售额征税。凡是已经开具了专用发票，其销售额未按规定计入销售额征税的，一律按偷税论处。对于代开、虚开专用发票的，一律

按票面所列货物的适用税率全额计算补缴税款，并视情节依据征管法的规定予以处罚。

全电发票开具流程，邀你扫描"线上小课堂2-5"二维码。

线上小课堂
2-5

全电发票开具
流程

### 三、一般纳税人增值税申报表的填报

#### （一）增值税专用发票的用途确认

纳税人取得增值税专用发票、机动车销售统一发票、收费公路通行费增值税电子普通发票后，需用申报抵扣增值税进项税额或在申请出口退税、代办退税时，从电子税务局进入税务数字账户模块，登录增值税发票综合服务平台确认发票用途。

【想一想】

本月取得增值税专用发票，其进项税额可以在下月进行抵扣吗？

新版电子税务局增值税发票勾选认证流程操作，邀你扫描"线上小课堂2-6"二维码。

线上小课堂
2-6

新版电子税务
局增值税发票
勾选认证流程
操作

#### （二）增值税的抄税

抄税，是指在防伪税控开票的电脑上把上月的开票情况全部记入税控IC卡，同时将增值税发票汇总表、明细表打印加盖公章，然后带抄税卡到税务机关报税；或者利用远程抄报系统进行抄税清卡报税。企业应在每月月初（15日前）对本期资料进行抄税（全电发票实施后，企业可以申请注销税盘）。

除了特定纳税人及特殊情形外，取消增值税发票抄报税，改由纳税人对开票数据进行确认。

#### （三）一般纳税人增值税申报表的填报

增值税纳税申报分为一般纳税人和小规模纳税人两种，其计税原始资料的填报与办税程序均有不同要求。增值税一般纳税人申报的特点是报表体系严密，计税资料齐全。

一般纳税人进行纳税申报必须实行电子信息采集。使用防伪税控系统开具增值税专用发票的纳税人必须在抄报税成功后，方可进行纳税申报。

线上小课堂
2-7

增值税、消费
税与附加税费
申报表整合

一般纳税人的纳税申报资料包括纳税申报表及其附列资料和纳税申报其他资料两类，纳税申报表及其附列资料为必报资料。

增值税、消费税与附加税费申报表整合，邀你扫描"线上小课堂2-7"二维码。

##### 1.申报表及其附列资料

（1）增值税及附加税费申报表（一般纳税人适用），见表2-3。

表2-3

根据国家税收法律法规及增值税相关规定制定本表。纳税人不论有无销售额，均应按税务机关核定的纳税期限填写本表，并向当地税务机关申报。

税款所属期：　年　月　日　至　年　月　日　　填表日期：　年　月　日　　　　　　金额单位：元（列至角分）

增值税及附加税费申报表

（一般纳税人适用）

纳税人识别号（统一社会信用代码）：□□□□□□□□□□□□□□□□□□□□

| 纳税人名称 | | 所属行业 | |
|---|---|---|---|
| 法定代表人姓名 | | 生产经营地址 | |
| 登记注册类型 | 注册地址 | 电话号码 | |
| 开户银行及账号 | | | |

| | | 栏次 | 一般项目 | | 即征即退项目 | |
|---|---|---|---|---|---|---|
| | 项目 | | 本月数 | 本年累计 | 本月数 | 本年累计 |
| 销售额 | （一）按适用税率计税销售额 | 1 | | | | |
| | 其中：应税货物销售额 | 2 | | | | |
| | 应税劳务销售额 | 3 | | | | |
| | 纳税检查调整的销售额 | 4 | | | | |
| | （二）按简易办法计税销售额 | 5 | | | | |
| | 其中：纳税检查调整的销售额 | 6 | | | | |
| | （三）免、抵、退办法出口销售额 | 7 | | | — | — |
| | （四）免税销售额 | 8 | | | — | — |
| | 其中：免税货物销售额 | 9 | | | — | — |
| | 免税劳务销售额 | 10 | | | — | — |

续表

| 项目 | | 栏次 | 一般项目 | | 即征即退项目 | |
|---|---|---|---|---|---|---|
| | | | 本月数 | 本年累计 | 本月数 | 本年累计 |
| | 销项税额 | 11 | | | | |
| | 进项税额 | 12 | | | | |
| | 上期留抵税额 | 13 | | | | — |
| | 进项税额转出 | 14 | | | | — |
| | 免、抵、退应退税额 | 15 | | | — | — |
| | 按适用税率计算的纳税检查应补缴税额 | 16 | | | | — |
| 税款计算 | 应抵扣税额合计 | 17=12+13-14-15+16 | | — | | |
| | 实际抵扣税额 | 18（如17<11，则为17，否则为11） | | | | — |
| | 应纳税额 | 19=11-18 | | | | |
| | 期末留抵税额 | 20=17-18 | | | | — |
| | 简易计税办法计算的应纳税额 | 21 | | | | |
| | 按简易计税办法计算的纳税检查应补缴税额 | 22 | | | — | — |
| | 应纳税额减征额 | 23 | | | | |
| | 应纳税额合计 | 24=19+21-23 | | | | |

续表

| 项目 | | 栏次 | 一般项目 | | 即征即退项目 | |
|---|---|---|---|---|---|---|
| | | | 本月数 | 本年累计 | 本月数 | 本年累计 |
| 税款缴纳 | 期初未缴税额（多缴为负数） | 25 | | | | — |
| | 实收出口开具专用缴款书退税额 | 26 | | | — | — |
| | 本期已缴税额 | 27=28+29+30+31 | | | | |
| | ①分次预缴税额 | 28 | | — | | |
| | ②出口开具专用缴款书预缴税额 | 29 | | — | | |
| | ③本期缴纳上期应纳税额 | 30 | | | | — |
| | ④本期缴纳欠缴税额 | 31 | | | | |
| | 期末未缴税额（多缴为负数） | 32=24+25+26-27 | | — | — | — |
| | 其中：欠缴税额（>0） | 33=25+26-27 | | — | | — |
| | 本期应补（退）税额 | 34=24-28-29 | — | | | — |
| | 即征即退实际退税额 | 35 | | | — | |
| 附加税费 | 期初未缴查补税额 | 36 | | | — | — |
| | 本期入库查补税额 | 37 | | | — | |
| | 期末未缴查补税额 | 38=16+22+36-37 | | | — | |
| | 城市维护建设税本期应补（退）税额 | 39 | | | — | — |
| | 教育费附加本期应补（退）费额 | 40 | | | | — |
| | 地方教育附加本期应补（退）费额 | 41 | | | | — |

声明：此表是根据国家税收法律法规及相关法律法规（及附带资料）的真实性、可靠性、完整性负责。

纳税人（签章）：

年　月　日

经办人：

经办人身份证号：

代理机构签章：

代理机构统一社会信用代码：

受理人：

受理税务机关（章）：

受理日期：　　年　月　日

（2）增值税及附加税费申报表附列资料（一）（本期销售情况明细），见表2-4。

表2-4

增值税及附加税费申报表附列资料（一）

（本期销售情况明细）

税款所属期：　年　月　日至　年　月　日

纳税人名称：（公章）

金额单位：元（列至角分）

| 项目及栏次 | | 开具增值税专用发票 | | 开具其他发票 | | 未开具发票 | | 纳税检查调整 | | 合计 | | 价税合计 | 服务、不动产和无形资产扣除项目本期实际扣除金额 | 扣除后 | |
|---|---|---|---|---|---|---|---|---|---|---|---|---|---|---|---|
| | | 销售额 | 销项（应纳）税额 | 销售额 | 销项（应纳）税额 | 销售额 | 销项（应纳）税额 | 销售额 | 销项（应纳）税额 | 销售额 | 销项（应纳）税额 | | | 含税（免税）销售额 | 销项（应纳）税额 |
| | | 1 | 2 | 3 | 4 | 5 | 6 | 7 | 8 | $9=1+3+5+7$ | $10=2+4+6+8$ | $11=9+10$ | 12 | $13=11-12$ | $14=13\div(100\%+税率或征收率)\times税率或征收率$ |
| 一般计税方法计税 全部征税项目 | 13%税率的货物及加工修理修配劳务 | 1 | | | | | | | | | | | | | |
| | 13%税率的服务、不动产和无形资产 | 2 | | | | | | | | | | | | | |
| | 9%税率的货物及加工修理修配劳务 | 3 | | | | | | | | | | | | | |
| | 9%税率的服务、不动产和无形资产 | 4 | | | | | | | | | | | | | |
| | 6%税率 | 5 | | | | | | | | | | | | | |
| 其中：即征即退项目 | 即征即退货物及加工修理修配劳务 | 6 | — | — | — | — | — | — | — | | | | — | — | — |
| | 即征即退服务、不动产和无形资产 | 7 | — | — | — | — | — | — | — | | | | — | — | — |

续表

| 项目及栏次 | 栏次 | 开具增值税专用发票 | | 开具其他发票 | | 未开具发票 | | 纳税检查调整 | | 合计 | | | 服务、不动产和无形资产扣除项目本期实际扣除金额 | 扣除后 | |
|---|---|---|---|---|---|---|---|---|---|---|---|---|---|---|---|
| | | 销售额 | 销项(应纳)税额 | 销售额 | 销项(应纳)税额 | 销售额 | 销项(应纳)税额 | 销售额 | 销项(应纳)税额 | 销售额 | 销项(应纳)税额 | 价税合计 | | 含税(免税)销售额 | 销项(应纳)税额 |
| | | 1 | 2 | 3 | 4 | 5 | 6 | 7 | 8 | $9=1+3+5+7$ | $10=2+4+6+8$ | $11=9+10$ | 12 | $13=11-12$ | $14=13÷(100\%+税率或征收率)×税率或征收率$ |
| 三、简易计税方法计税 — 全部征税项目 — 6%征收率 | 8 | | | | | | | | | | | | | | |
| 5%征收率的货物及加工修理修配劳务 | 9a | | | | | | | — | — | | | — | — | — | — |
| 5%征收率的服务、不动产和无形资产 | 9b | | | | | | | | — | | | | | | |
| 4%征收率 | 10 | | | | | | | — | — | | | — | — | — | — |
| 3%征收率的货物及加工修理修配劳务 | 11 | | | | | | | — | — | | | — | — | — | — |
| 3%征收率的服务、不动产和无形资产 | 12 | | | | | | | | — | | | | | | |
| 预征率　% | 13a | | | | | | | — | — | | | — | — | — | — |
| 预征率　% | 13b | | | | | | | — | — | | | — | — | — | — |
| 预征率　% | 13c | | | | | | | — | — | | | — | — | — | — |

续表

| 项目及栏次 | | 开具增值税专用发票 | | 开具其他发票 | | 未开具发票 | | 纳税检查调整 | | 合计 | | 价税合计 | 服务、不动产和无形资产扣除项目本期实际扣除金额 | 扣除后 | |
|---|---|---|---|---|---|---|---|---|---|---|---|---|---|---|---|
| | | 销售额 | 销项(应纳)税额 | 销售额 | 销项(应纳)税额 | 销售额 | 销项(应纳)税额 | 销售额 | 销项(应纳)税额 | 销售额 | 销项(应纳)税额 | | | 含税(免税)销售额 | 销项(应纳)税额 |
| | | 1 | 2 | 3 | 4 | 5 | 6 | 7 | 8 | $9=1+3+5+7$ | $10=2+4+6+8$ | $11=9+10$ | 12 | $13=11-12$ | $14=13\div(100\%+$税率或征收率$)\times$税率或征收率 |
| 二、即征即退项目 | 即征即退货物及加工修理修配劳务 14 | — | — | — | — | — | — | — | — | | | | | — | — |
| 其中:即征即退项目 | 即征即退服务、不动产和无形资产 15 | — | — | — | — | — | — | — | — | | | | | — | — |
| 三、免抵退税 | 货物及加工修理修配劳务 16 | — | — | — | — | — | — | — | — | | — | — | | — | — |
| | 服务、不动产和无形资产 17 | — | — | — | — | — | — | — | — | | — | — | | — | — |
| 四、免税 | 货物及加工修理修配劳务 18 | — | — | — | — | — | — | — | — | | | | | — | — |
| | 服务、不动产和无形资产 19 | — | — | — | — | — | — | — | — | | | | | — | — |

（3）增值税及附加税费申报表附列资料（二）（本期进项税额明细），见表2-5。

表2-5 增值税及附加税费申报表附列资料（二）

（本期进项税额明细）

税款所属期： 年 月 日至 年 月 日

纳税人名称：（公章） 金额单位：元（列至角分）

| 一、申报抵扣的进项税额 | | | | |
|---|---|---|---|---|
| 项目 | 栏次 | 份数 | 金额 | 税额 |
| （一）认证相符的增值税专用发票 | 1=2+3 | | | |
| 其中：本期认证相符且本期申报抵扣 | 2 | | | |
| 前期认证相符且本期申报抵扣 | 3 | | | |
| （二）其他扣税凭证 | 4=5+6+7+8a+8b | | | |
| 其中：海关进口增值税专用缴款书 | 5 | | | |
| 农产品收购发票或者销售发票 | 6 | | | |
| 代扣代缴税收缴款凭证 | 7 | | — | |
| 加计扣除农产品进项税额 | 8a | — | — | |
| 其他 | 8b | | | |
| （三）本期用于购建不动产的扣税凭证 | 9 | | | |
| （四）本期用于抵扣的旅客运输服务扣税凭证 | 10 | | | |
| （五）外贸企业进项税额抵扣证明 | 11 | | | |
| 当期申报抵扣进项税额合计 | 12=1+4+11 | | | |
| 二、进项税额转出额 | | | | |
| 项目 | 栏次 | | 税额 | |
| 本期进项税额转出额 | 13=14+15+…+23 | | | |
| 其中：免税项目用 | 14 | | | |
| 集体福利、个人消费 | 15 | | | |
| 非正常损失 | 16 | | | |
| 简易计税方法征税项目用 | 17 | | | |
| 免抵退税办法不得抵扣的进项税额 | 18 | | | |
| 纳税检查调减进项税额 | 19 | | | |
| 红字专用发票信息表注明的进项税额 | 20 | | | |
| 上期留抵税额抵减欠税 | 21 | | | |
| 上期留抵税额退税 | 22 | | | |
| 异常凭证转出进项税额 | 23a | | | |
| 其他应作进项税额转出的情形 | 23b | | | |

续表

| 三、待抵扣进项税额 | | | | |
|---|---|---|---|---|
| 项目 | 栏次 | 份数 | 金额 | 税额 |
| （一）认证相符的增值税专用发票 | 24 | — | — | — |
| 期初已认证相符但未申报抵扣 | 25 | | | |
| 本期认证相符且本期未申报抵扣 | 26 | | | |
| 期末已认证相符但未申报抵扣 | 27 | | | |
| 　　其中：按照税法规定不允许抵扣 | 28 | | | |
| （二）其他扣税凭证 | 29=30+31+32+33 | | | |
| 　　其中：海关进口增值税专用缴款书 | 30 | | | |
| 　　　　农产品收购发票或者销售发票 | 31 | | | |
| 　　　　代扣代缴税收缴款凭证 | 32 | — | | |
| 　　　　其他 | 33 | | | |
| | 34 | | | |
| 四、其他 | | | | |
| 项目 | 栏次 | 份数 | 金额 | 税额 |
| 本期认证相符的增值税专用发票 | 35 | | | |
| 代扣代缴税额 | 36 | | | |

（4）增值税及附加税费申报表附列资料（三）（服务、不动产和无形资产扣除项目明细），见表2-6。

表2-6　　　　　　　　**增值税及附加税费申报表附列资料（三）**
（服务、不动产和无形资产扣除项目明细）

税款所属期：　　年　月　日至　　年　月　日
纳税人名称：（公章）　　　　　　　　　　　　　　　　　　　金额单位：元（列至角分）

| 项目及栏次 | | 本期服务、不动产和无形资产价税合计额（免税销售额） | 服务、不动产和无形资产扣除项目 | | | | |
|---|---|---|---|---|---|---|---|
| | | | 期初余额 | 本期发生额 | 本期应扣除金额 | 本期实际扣除金额 | 期末余额 |
| | | 1 | 2 | 3 | 4=2+3 | 5（5≤1且5≤4） | 6=4-5 |
| 13%税率的项目 | 1 | | | | | | |
| 9%税率的项目 | 2 | | | | | | |
| 6%税率的项目（不含金融商品转让） | 3 | | | | | | |
| 6%税率的金融商品转让项目 | 4 | | | | | | |
| 5%征收率的项目 | 5 | | | | | | |
| 3%征收率的项目 | 6 | | | | | | |
| 免抵退税的项目 | 7 | | | | | | |
| 免税的项目 | 8 | | | | | | |

（5）增值税及附加税费申报表附列资料（四）（税额抵减情况），见表2-7。

表2-7 　　　　　　　增值税及附加税费申报表附列资料（四）

（税额抵减情况）

税款所属期： 　年 月 日至 　年 月 日

纳税人名称：（公章） 　　　　　　　　　　　　　　　　金额单位：元（列至角分）

| 一、税额抵减情况 | | | | | | |
|---|---|---|---|---|---|---|
| 序号 | 抵减项目 | 期初余额 | 本期发生额 | 本期应抵减税额 | 本期实际抵减税额 | 期末余额 |
| | | 1 | 2 | 3=1+2 | 4≤3 | 5=3-4 |
| 1 | 增值税税控系统专用设备费及技术维护费 | | | | | |
| 2 | 分支机构预征缴纳税款 | | | | | |
| 3 | 建筑服务预征缴纳税款 | | | | | |
| 4 | 销售不动产预征缴纳税款 | | | | | |
| 5 | 出租不动产预征缴纳税款 | | | | | |
| 二、加计抵减情况 | | | | | | |
| 序号 | 加计抵减项目 | 期初余额 | 本期发生额 | 本期调减额 | 本期可抵减额 | 本期实际抵减额 | 期末余额 |
| | | 1 | 2 | 3 | 4=1+2-3 | 5 | 6=4-5 |
| 6 | 一般项目加计抵减额计算 | | | | | | |
| 7 | 即征即退项目加计抵减额计算 | | | | | | |
| 8 | 合计 | | | | | | |

（6）增值税减免税申报明细表，见表2-8。

**表2-8** **增值税减免税申报明细表**

税款所属期： 年 月 日至 年 月 日

纳税人名称：（公章） 金额单位：元（列至角分）

| 一、减税项目 | | | | | | |
|---|---|---|---|---|---|---|
| 减税性质代码及名称 | 栏次 | 期初余额 | 本期发生额 | 本期应抵减税额 | 本期实际抵减税额 | 期末余额 |
| | | 1 | 2 | 3=1+2 | 4≤3 | 5=3-4 |
| 合计 | 1 | | | | | |
| | 2 | | | | | |
| | 3 | | | | | |
| | 4 | | | | | |
| | 5 | | | | | |
| | 6 | | | | | |

| 二、免税项目 | | | | | | |
|---|---|---|---|---|---|---|
| 免税性质代码及名称 | 栏次 | 免征增值税项目销售额 | 免税销售额扣除项目本期实际扣除金额 | 扣除后免税销售额 | 免税销售额对应的进项税额 | 免税额 |
| | | 1 | 2 | 3=1-2 | 4 | 5 |
| 合计 | 7 | | | | | |
| 出口免税 | 8 | — | — | — | — |
| 其中：跨境服务 | 9 | — | — | — | — |
| | 10 | | | | | |
| | 11 | | | | | |
| | 12 | | | | | |
| | 13 | | | | | |
| | 14 | | | | | |
| | 15 | | | | | |
| | 16 | | | | | |

（7）增值税补充申报表，见表2-9。

表2-9                                                                  增值税补充申报表

| 纳税人识别号 | | | 纳税人名称 | | |
|---|---|---|---|---|---|
| 经营地址 | | | | | |
| 法定代表人 | | 财务负责人 | | 联系电话 | |
| 办税人员 | | | 所属期 | | |
| 登记行业 | | | 明细行业 | | |
| 编号 | 数据项 | | 本期 | 填报说明 | |
| Q0002 | 银行结算及刷卡收入（元） | | | 通过银行结算或刷卡取得的货款或应税劳务含税收入合计 | |
| Q0021 | 现金收款收入（元） | | | 以现金形式收取的货款或应税劳务含税收入合计 | |
| Q0022 | 未收款收入（元） | | | 全部货款和应税劳务收入中除上两项之外的含税收入 | |
| Q0003 | 现金支出（元） | | | 现金日记账贷方发生额合计 | |
| Q0004 | 应收账款借方余额（元） | | | 应收账款科目期末借方余额 | |
| Q0038 | 制造费用借方发生额（元） | | | 制造费用科目借方发生额合计 | |
| Q0606 | 购进货物用于集体福利及个人消费转出进项税额（元） | | | 本期进项转出税额中属于购进货物用于集体福利及个人消费的部分 | |
| Q0607 | 应付福利费借方发生额（元） | | | 本期应付福利费科目借方发生额合计 | |
| Q0608 | 在建工程项目借方发生额（元） | | | 本期在建工程科目借方发生额合计 | |
| Q0054 | 其他业务收入（元） | | | 本期其他业务收入科目贷方发生额合计 | |
| Q0052 | 购进运费抵扣税额（元） | | | 本期全部运费中用于购进业务的部分抵扣的进项税额合计 | |
| Q0053 | 销售运费抵扣税额（元） | | | 本期全部运费中用于销售业务的部分抵扣的进项税额合计 | |
| | | | | 纳税人（盖章）： | |

**2.纳税申报其他资料**

（1）已开具的税控机动车销售统一发票和普通发票的存根联。

（2）符合抵扣条件且在本期申报抵扣的增值税专用发票（含机动车销售统一发票）的抵扣联。

（3）符合抵扣条件且在本期申报抵扣的海关进口增值税专用缴款书、购进农产品取得的普通发票的复印件。

（4）符合抵扣条件且在本期申报抵扣的完税凭证及其清单，书面合同、付款证明和境外单位的对账单或者发票。

（5）已开具的农产品收购凭证的存根联或报查联。

（6）纳税人销售服务、不动产和无形资产，在确定服务、不动产和无形资产销售额时，按照有关规定从取得的全部价款和价外费用中扣除价款的合法凭证及其清单。

（7）主管税务机关要求的其他资料。

纳税申报其他资料的报备要求由各省、自治区、直辖市和计划单列市税务机关确定。

**3.申报资料填报顺序**

根据表间数据的逻辑关系，纳税人应按照以下顺序填报：

（1）增值税及附加税费申报表附列资料（二）（本期进项税额明细）（必填）。

（2）增值税及附加税费申报表附列资料（三）（服务、不动产和无形资产扣除项目明细）（选填）。

（3）增值税及附加税费申报表附列资料（一）（本期销售情况明细）（必填）。

（4）增值税及附加税费申报表（一般纳税人适用）（必填）。

（5）增值税补充申报表（必填）。

（6）增值税及附加税费申报表附列资料（四）（税额抵减情况）（选填）。

（7）增值税减免税申报明细表（选填）。

**4.纳税申报资料的管理**

（1）增值税纳税申报必报资料。

纳税人在纳税申报期内，应及时将全部必报资料的电子数据报送主管税务机关，并在主管税务机关按照税法规定确定的期限内（具体时间由各省级税务机关确定），将纸质的必报资料（具体份数由省级税务机关确定）报送主管税务机关，税务机关签收后，一份退还纳税人，其余留存。

（2）增值税纳税申报备查资料。

纳税人在月度终了后，应将备查资料认真整理并装订成册。

①防伪税控系统开具的增值税专用发票的存根联，应按开票顺序号码每25份装订一册，不足25份的按实际开具份数装订。

②对属于扣税凭证的单证，根据取得的时间顺序，按单证种类每25份装订一册，不足25份的按实际份数装订。

③装订时，必须使用税务机关统一规定的征税/扣税单证汇总簿封面，并按规定填写封面内容，由办税人员和财务人员审核签章。

纳税人开具的普通发票及收购凭证在其整本使用完毕的当月，加装征税/扣税单证汇总簿封面。

④征税/扣税单证汇总簿封面的内容包括纳税人单位名称、本册单证份数、金额、税额、本月此种单证总册数及本册单证编号、税款所属期等，具体格式由各省级税务机关制定。

### （四）一般纳税人增值税申报表的智能填报

以山东省电子税务局为例，增值税一般纳税人申报表增加发票信息自动获取功能，分别在"增值税纳税申报表附列资料（一）""增值税纳税申报表附列资料（二）"设置"自动获取发票数据"按钮，点击后系统自动提取纳税人本期增值税发票销项、进项数据，自动分类填充到申报表相关栏次，纳税人确认申报。

还可以实行"一表集成"智能填报，即将申报表"一主表、五附表"简化为一张"六表合一"的"基础数据表"，实现增值税申报数据一表填报后，自动生成各附表和申报表主表，纳税人修改确认后申报。

【例2-12】中环电器有限公司是增值税一般纳税人（纳税人识别号：913713127915169166）2023年7月发生下列业务（无其他涉税事项）：

购进业务：

（1）7月4日，从圣天电机厂（纳税人识别号：913713027788071233）购进Z型电动机200台，取得增值税专用发票（发票号码：23371300001684256823），单价为400元，金额合计80 000元，税额为10 400元。

（2）7月10日，从东方风机公司（纳税人识别号：913713027658978766）购入离心式风机40个，取得增值税专用发票（发票号码：23371300001684245621），单价为250元，金额合计10 000元，税额为1 300元。

（3）7月20日，从远达包装材料厂（纳税人识别号：913713117973284666）购入包装材料200箱，取得增值税专用发票（发票号码：23371300001684236283），单价为180元，金额合计36 000元，税额为4 680元。

（4）7月21日，从天安机械厂（纳税人识别号：913713027788045777）购入设备一台，取得增值税专用发票（发票号码：23371300001684232378），金额为78 000元，税额为10 140元。

销售业务：

（1）7月5日，销售给金鸟家用电器经销公司（纳税人识别号：913713127788045977）洁净牌吸尘器210台，销售额为210 000元，税额为27 300元；销售靓爽牌电吹风50台，销售额为22 800元，税额为2 964元，开出增值税专用发票（发票号码：23371300001684233447）。

（2）7月11日，向沂蒙百货大楼（纳税人识别号：913713027788567977）销售洁净牌吸尘器69台，销售额为69 000元，税额为8 970元，开出增值税专用发票（发票号码：23371300001684256897）。

（3）7月14日，销售给费城区人民商场（纳税人识别号：913713127788502666）洁净牌吸尘器4台，销售额为4 000元，税额为520元；销售靓爽牌电吹风1台，销售额为560元，税额为72.8元，开出增值税专用发票（发票号码：23371300001684265479）。

（4）7月25日，销售给常林春天有限公司（纳税人识别号：913713227790902466）靓爽牌电吹风4台，销售额为2 000元，税额为260元，开出增值税专用发票（发票号码：23371300001684248716）。

要求：计算该公司本月应缴纳的增值税，并填报增值税纳税申报表。

【解析】1.计算步骤

（1）进项税额=10 400+1 300+4 680+10 140=26 520（元）

（2）销项税额=27 300+2 964+8 970+520+72.8+260=40 086.8（元）

（3）应纳税额=40 086.8−26 520=13 566.8（元）

2.填报申报表

首先，纳税人应当在增值税发票综合服务平台上对本月取得的增值税专用发票信息进行用途确认，即发票抵扣勾选，生成发票统计表（见表2-10）。

表2-10　　　　　　　　　　　　　发票统计表

纳税人名称：中环电器有限公司

公司纳税人识别号：913713127915169166

所属时间：2023年7月　　　　　　　　　　　　　　　金额单位：元（列至角分）

| 发票类型 \ 用途 | 抵扣 | | | 不抵扣 | | |
|---|---|---|---|---|---|---|
| | 份数 | 金额 | 有效税额 | 份数 | 金额 | 有效税额 |
| 增值税专用发票 | 4 | 204 000.00 | 26 520.00 | 0 | 0.00 | 0.00 |
| 机动车销售统一发票 | 0 | 0.00 | 0.00 | 0 | 0.00 | 0.00 |
| 通行费电子发票 | 0 | 0.00 | 0.00 | 0 | 0.00 | 0.00 |
| 出口转内销发票 | 0 | 0.00 | 0.00 | 0 | 0.00 | 0.00 |
| 总计 | 4 | 204 000.00 | 26 520.00 | 0 | 0.00 | 0.00 |

其次，在税控机上将本月开出的专用发票金额资料抄报到IC卡上，同时将专用发票汇总表和明细表（见表2-11、表2-12）打印如下：

表2-11　　　　　　　　　　　　　专用发票汇总表

制表日期：2023年7月31日

所属期间：7月第1期

专用发票统计表1-01

增值税专用发票汇总表（2023年7月）

纳税人识别号：913713127915169166

企业名称：中环电器有限公司

地址电话：山东省兰山区兰山路18号 0539-83112779

★ 发票领用存情况 ★

| 期初库存份数 | 8 | 正数发票份数 | 4 | 负数发票份数 | 0 |
|---|---|---|---|---|---|
| 购进发票份数 | 10 | 正数废票份数 | 0 | 负数废票份数 | 0 |
| 退回发票份数 | 0 | 期末库存份数 | 14 | | |

续表

★ 销项情况 ★

金额单位：元（列至角分）

| 序号 | 项目名称 | 合计 | 13% | 9% | 3% | 其他 |
|---|---|---|---|---|---|---|
| 1 | 销项正废金额 | 0.00 | 0.00 | 0.00 | 0.00 | 0.00 |
| 2 | 销项正数金额 | 308 360.00 | 308 360.00 | 0.00 | 0.00 | 0.00 |
| 3 | 销项负废金额 | 0.00 | 0.00 | 0.00 | 0.00 | 0.00 |
| 4 | 销项负数金额 | 0.00 | 0.00 | 0.00 | 0.00 | 0.00 |
| 5 | 实际销售金额 | 308 360.00 | 308 360.00 | 0.00 | 0.00 | 0.00 |
| 6 | 销项正废税额 | 0.00 | 0.00 | 0.00 | 0.00 | 0.00 |
| 7 | 销项正数税额 | 40 086.80 | 40 086.80 | 0.00 | 0.00 | 0.00 |
| 8 | 销项负废税额 | 0.00 | 0.00 | 0.00 | 0.00 | 0.00 |
| 9 | 销项负数税额 | 0.00 | 0.00 | 0.00 | 0.00 | 0.00 |
| 10 | 实际销售税额 | 40 086.80 | 40 086.80 | 0.00 | 0.00 | 0.00 |

表2-12　　　　　　　　　　　　　专用发票明细表

制表时间：2023年7月31日

专用发票统计表1-02

正数发票清单（2023年7月）

本期数据纳税人识别号：913713127915169166

企业名称：中环电器有限公司

地址电话：山东省兰山区兰山路18号 0539-83112779　　　　　　　金额单位：元（列至角分）

| 序号 | 发票种类 | 发票号码 | 开票日期 | 纳税人识别号 | 合计金额 | 合计税额 | 税率 |
|---|---|---|---|---|---|---|---|
| 1 | 专用发票 | 23371300001684233447 | 2023-07-05 | 913713127788045977 | 232 800.00 | 30 264.00 | 13% |
| 2 | 专用发票 | 23371300001684256897 | 2023-07-11 | 913713027788567977 | 69 000.00 | 8 970.00 | 13% |
| 3 | 专用发票 | 23371300001684265479 | 2023-07-14 | 913713127788502666 | 4 560.00 | 592.80 | 13% |
| 4 | 专用发票 | 23371300001684248716 | 2023-07-25 | 913713227790902466 | 2 000.00 | 260.00 | 13% |

填表人：　　　　　抽样员：　　　　　录入员：　　　　　复核员：　　　　　审核员：

最后，登录主管税务机关网上办税平台，进入申报系统，填列有关纳税报表，确认申报即可。会计报表不随税种申报，而是单独申报，先行填报提交，然后再按顺序填列纳税申报表。

【案例导入分析】

小张可以按照下列步骤完成网上申报工作：

（1）一般在每月月末登录增值税发票综合服务平台对本月取得的抵扣凭证进行用途

确认，即发票抵扣勾选。

（2）次月初进行抄税或对开票数据进行确认。

（3）抄完税后就要准备进行网上纳税申报，在"增值税纳税申报系统"中填制纳税申报表及附表、资产负债表和利润表。

（4）申报成功后网上划款缴税。

增值税一般纳税人申报流程，邀你扫描"线上小课堂2-8"二维码。

线上小课堂2-8
增值税一般纳税人申报流程

## 四、小规模纳税人增值税申报表的填报

小规模纳税人由于计税方法简单，其纳税申报的操作也相对容易。小规模纳税人应在规定的期限内向主管税务机关报送增值税及附加税费申报表。

增值税及附加税费申报表（小规模纳税人适用），见表2-13。

表2-13　　　　　　　　增值税及附加税费申报表
（小规模纳税人适用）

税款所属期：　年 月 日至　年 月 日　　　　　　　　　　填表日期：　年 月 日

纳税人识别号（统一社会信用代码）：□□□□□□□□□□□□□□□□□□□□

纳税人名称：　　　　　　　　　　　　　　　　金额单位：元（列至角分）

| | | | 本期数 | | 本年累计 | |
|---|---|---|---|---|---|---|
| 项目 | | 栏次 | 货物及劳务 | 服务、不动产和无形资产 | 货物及劳务 | 服务、不动产和无形资产 |
| 一、计税依据 | （一）应征增值税不含税销售额（3%征收率） | 1 | | | | |
| | 增值税专用发票不含税销售额 | 2 | | | | |
| | 其他增值税发票不含税销售额 | 3 | | | | |
| | （二）应征增值税不含税销售额（5%征收率） | 4 | — | | — | |
| | 增值税专用发票不含税销售额 | 5 | — | | — | |
| | 其他增值税发票不含税销售额 | 6 | — | | — | |
| | （三）销售使用过的固定资产不含税销售额 | 7（7≥8） | | — | | — |
| | 其中：其他增值税发票不含税销售额 | 8 | | — | | — |
| | （四）免税销售额 | 9=10+11+12 | | | | |
| | 其中：小微企业免税销售额 | 10 | | | | |
| | 未达起征点销售额 | 11 | | | | |
| | 其他免税销售额 | 12 | | | | |
| | （五）出口免税销售额 | 13（13≥14） | | | | |
| | 其中：其他增值税发票不含税销售额 | 14 | | | | |

续表

| 项目 | 栏次 | 本期数 | | 本年累计 | |
|---|---|---|---|---|---|
| | | 货物及劳务 | 服务、不动产和无形资产 | 货物及劳务 | 服务、不动产和无形资产 |
| 二、税款计算 本期应纳税额 | 15 | | | | |
| 本期应纳税额减征额 | 16 | | | | |
| 本期免税额 | 17 | | | | |
| 其中：小微企业免税额 | 18 | | | | |
| 未达起征点免税额 | 19 | | | | |
| 应纳税额合计 | 20=15-16 | | | | |
| 本期预缴税额 | 21 | | | — | — |
| 本期应补（退）税额 | 22=20-21 | | | — | — |
| 三、附加税费 城市维护建设税本期应补（退）税额 | 23 | | | | |
| 教育费附加本期应补（退）费额 | 24 | | | | |
| 地方教育附加本期应补（退）费额 | 25 | | | | |

声明：此表是根据国家税收法律法规及相关规定填写的，本人（单位）对填报内容（及附带资料）的真实性、可靠性、完整性负责。

纳税人（签章）：　　年　月　日

| | |
|---|---|
| 经办人：<br>经办人身份证号：<br>代理机构签章：<br>代理机构统一社会信用代码： | 受理人：<br>受理税务机关（章）：<br>受理日期：　　年　月　日 |

【例2-13】味美食品厂为小规模纳税人，2023年第2季度实现产品销售额为95 000元（不含税），全部为自行开具增值税普通发票。

要求：计算该厂本季度应缴纳的增值税，并填报"增值税及附加税费申报表（小规模纳税人适用）"，见表2-14。

【解析】该厂本季度销售额低于30万元，免征增值税。

表2-14　　　　　　　　　　增值税及附加税费申报表

(小规模纳税人适用)

税款所属期：2023年4月1日至2023年6月30日　　　　　　　　填表日期：2023年7月10日

纳税人识别号（统一社会信用代码）：□□□□□□□□□□□□□□□□□□□□

纳税人名称：味美食品厂　　　　　　　　　　　　　　　　　金额单位：元（列至角分）

| | 项目 | 栏次 | 本期数 | | 本年累计 | |
|---|---|---|---|---|---|---|
| | | | 货物及劳务 | 服务、不动产和无形资产 | 货物及劳务 | 服务、不动产和无形资产 |
| 一、计税依据 | （一）应征增值税不含税销售额（3%征收率） | 1 | | | | |
| | 增值税专用发票不含税销售额 | 2 | | | | |
| | 其他增值税发票不含税销售额 | 3 | | | | |
| | （二）应征增值税不含税销售额（5%征收率） | 4 | — | | — | |
| | 增值税专用发票不含税销售额 | 5 | — | | — | |
| | 其他增值税发票不含税销售额 | 6 | — | | — | |
| | （三）销售使用过的固定资产不含税销售额 | 7（7≥8） | | — | | — |
| | 其中：其他增值税发票不含税销售额 | 8 | | — | | — |
| | （四）免税销售额 | 9=10+11+12 | 95 000 | | | |
| | 其中：小微企业免税销售额 | 10 | 95 000 | | | |
| | 未达起征点销售额 | 11 | | | | |
| | 其他免税销售额 | 12 | | | | |
| | （五）出口免税销售额 | 13（13≥14） | | | | |
| | 其中：其他增值税发票不含税销售额 | 14 | | | | |
| 二、税款计算 | 本期应纳税额 | 15 | 0 | | | |
| | 本期应纳税额减征额 | 16 | | | | |
| | 本期免税额 | 17 | 2 850 | | | |
| | 其中：小微企业免税额 | 18 | 2 850 | | | |
| | 未达起征点免税额 | 19 | | | | |
| | 应纳税额合计 | 20=15-16 | 0 | | | |
| | 本期预缴税额 | 21 | | | — | — |
| | 本期应补（退）税额 | 22=20-21 | 0 | | — | — |
| 三、附加税费 | 城市维护建设税本期应补（退）税额 | 23 | | | | |
| | 教育费附加本期应补（退）费额 | 24 | | | | |
| | 地方教育附加本期应补（退）费额 | 25 | | | | |

声明：此表是根据国家税收法律法规及相关规定填写的，本人（单位）对填报内容（及附带资料）的真实性、可靠性、完整性负责。

纳税人（签章）：　　　年　月　日

| 经办人： | 受理人： |
|---|---|
| 经办人身份证号： | |
| 代理机构签章： | 受理税务机关（章）： |
| 代理机构统一社会信用代码： | 受理日期：　　年　月　日 |

【例2-14】味美食品厂为小规模纳税人，2023年第2季度实现产品销售额为95 000元（不含税），全部为税务机关代开增值税专用发票。

要求：计算该厂本季度应缴纳的增值税，并填报"增值税及附加税费申报表（小规模纳税人适用）"，见表2-15。

表2-15　　　　　　　　　　增值税及附加税费申报表

（小规模纳税人适用）

税款所属期：2023年4月1日至2023年6月30日　　　　　　　填表日期：2023年7月10日

纳税人识别号（统一社会信用代码）：□□□□□□□□□□□□□□□□□□□□

纳税人名称：味美食品厂　　　　　　　　　　　　　　　金额单位：元（列至角分）

| 项目 | | 栏次 | 本期数 | | 本年累计 | |
|---|---|---|---|---|---|---|
| | | | 货物及劳务 | 服务、不动产和无形资产 | 货物及劳务 | 服务、不动产和无形资产 |
| 一、计税依据 | （一）应征增值税不含税销售额（3%征收率） | 1 | 95 000 | | | |
| | 增值税专用发票不含税销售额 | 2 | 95 000 | | | |
| | 其他增值税发票不含税销售额 | 3 | | | | |
| | （二）应征增值税不含税销售额（5%征收率） | 4 | — | | — | |
| | 增值税专用发票不含税销售额 | 5 | — | | — | |
| | 其他增值税发票不含税销售额 | 6 | — | | — | |
| | （三）销售使用过的固定资产不含税销售额 | 7（7≥8） | | — | | — |
| | 　其中：其他增值税发票不含税销售额 | 8 | | | | |
| | （四）免税销售额 | 9=10+11+12 | | | | |
| | 　其中：小微企业免税销售额 | 10 | | | | |
| | 　　　　未达起征点销售额 | 11 | | | | |
| | 　　　　其他免税销售额 | 12 | | | | |
| | （五）出口免税销售额 | 13（13≥14） | | | | |
| | 　其中：其他增值税发票不含税销售额 | 14 | | | | |
| 二、税款计算 | 本期应纳税额 | 15 | 2 850 | | | |
| | 本期应纳税额减征额 | 16 | 1 950 | | | |
| | 本期免税额 | 17 | | | | |
| | 　其中：小微企业免税额 | 18 | | | | |
| | 　　　　未达起征点免税额 | 19 | | | | |
| | 应纳税额合计 | 20=15-16 | 900 | | | |
| | 本期预缴税额 | 21 | 900 | | — | — |
| | 本期应补（退）税额 | 22=20-21 | 0 | | — | — |
| 三、附加税费 | 城市维护建设税本期应补（退）税额 | 23 | | | | |
| | 教育费附加本期应补（退）费额 | 24 | | | | |
| | 地方教育附加本期应补（退）费额 | 25 | | | | |

声明：此表是根据国家税收法律法规及相关规定填写的，本人（单位）对填报内容（及附带资料）的真实性、可靠性、完整性负责。

纳税人（签章）：　　　年　月　日

| 经办人：<br>经办人身份证号：<br>代理机构签章：<br>代理机构统一社会信用代码： | 受理人：<br>受理税务机关（章）：<br>受理日期：　　年　月　日 |
|---|---|

【解析】代开增值税专用发票时应缴纳增值税。填写在"增值税及附加税费申报表（小规模纳税人适用）"第21栏"本期预缴税额"相应栏次中。

【例2-15】味美食品厂为小规模纳税人，2023年第2季度实现产品销售额为320 000元（不含税），全部为自行开具普通发票。

要求：计算该厂本季度应缴纳的增值税，并填报"增值税及附加税费申报表（小规模纳税人适用）"，见表2-16。

表2-16

**增值税及附加税费申报表**

（小规模纳税人适用）

税款所属期：2023年4月1日至2023年6月30日　　　　　　　　填表日期：2023年7月10日

纳税人识别号（统一社会信用代码）：□□□□□□□□□□□□□□□□□□□□

纳税人名称：味美食品厂　　　　　　　　　　　　　　金额单位：元（列至角分）

| 项目 | | 栏次 | 本期数 | | 本年累计 | |
|---|---|---|---|---|---|---|
| | | | 货物及劳务 | 服务、不动产和无形资产 | 货物及劳务 | 服务、不动产和无形资产 |
| 一、计税依据 | （一）应征增值税不含税销售额（3%征收率） | 1 | 320 000 | | | |
| | 增值税专用发票不含税销售额 | 2 | | | | |
| | 其他增值税发票不含税销售额 | 3 | 320 000 | | | |
| | （二）应征增值税不含税销售额（5%征收率） | 4 | — | | — | |
| | 增值税专用发票不含税销售额 | 5 | — | | — | |
| | 其他增值税发票不含税销售额 | 6 | — | | — | |
| | （三）销售使用过的固定资产不含税销售额 | 7（7≥8） | | | — | — |
| | 其中：其他增值税发票不含税销售额 | 8 | | | — | — |
| | （四）免税销售额 | 9=10+11+12 | | | | |
| | 其中：小微企业免税销售额 | 10 | | | | |
| | 未达起征点销售额 | 11 | | | | |
| | 其他免税销售额 | 12 | | | | |
| | （五）出口免税销售额 | 13（13≥14） | | | | |
| | 其中：其他增值税发票不含税销售额 | 14 | | | | |

续表

| 项目 | 栏次 | 本期数 | | 本年累计 | |
| --- | --- | --- | --- | --- | --- |
| | | 货物及劳务 | 服务、不动产和无形资产 | 货物及劳务 | 服务、不动产和无形资产 |
| 二、税款计算 本期应纳税额 | 15 | 9 600 | | | |
| 本期应纳税额减征额 | 16 | 6 400 | | | |
| 本期免税额 | 17 | | | | |
| 其中：小微企业免税额 | 18 | | | | |
| 未达起征点免税额 | 19 | | | | |
| 应纳税额合计 | 20=15−16 | 3 200 | | | |
| 本期预缴税额 | 21 | | | — | — |
| 本期应补（退）税额 | 22=20−21 | 3 200 | | — | — |
| 三、附加税费 城市维护建设税本期应补（退）税额 | 23 | | | | |
| 教育费附加本期应补（退）费额 | 24 | | | | |
| 地方教育附加本期应补（退）费额 | 25 | | | | |

声明：此表是根据国家税收法律法规及相关规定填写的，本人（单位）对填报内容（及附带资料）的真实性、可靠性、完整性负责。

纳税人（签章）：　　年　月　日

| 经办人：<br>经办人身份证号：<br>代理机构签章：<br>代理机构统一社会信用代码： | 受理人：<br><br>受理税务机关（章）：<br><br>受理日期：　　年　月　日 |
| --- | --- |

【解析】该厂本季度应缴纳的增值税：

应纳税额=320 000×1%=3 200（元）

增值税及附加税费小规模纳税人引导式申报，邀你扫描"线上小课堂2-9"二维码。

线上小课堂
2-9

（微视频）增值税及附加税费小规模纳税人引导式申报

■■■■ 任务实施

**实践活动1**

【活动目标】

通过练习，进一步熟悉增值税的征收管理规定。

【活动要求】

下列选择题中有四个选项，请根据增值税的基本知识，选择出一个或多个正确选项。

【活动实施】

1.下列关于允许小规模纳税人开具增值税专用发票的范围，说法正确的是（　　）。

A.仅限于住宿业、鉴证咨询业、建筑业

B.不再限于部分行业

C.所有小规模纳税人（其他个人除外）

D.所有小规模纳税人和个人

2.增值税纳税义务发生的时间是（　　）。

A.采取预收货款方式销货时，为货物发出的当天

B.采取预收货款方式销货时，为收到货款的当天

C.采取托收承付和委托银行收款方式销货的，为发出货物并办妥托收手续的当天

D.采取托收承付和委托银行收款方式销货的，为收到货款的当天

3.某商品贸易公司2023年7月份进口空调一批，7月10日海关填发税款缴纳书。下列说法正确的是（　　）。

A.缴纳的最后期限为7月24日　　　　　B.缴纳的最后期限为7月25日

C.缴纳的最后期限为7月23日　　　　　D.缴纳的最后期限为7月10日

【活动指导】

1.本题考查的是小规模纳税人开具增值税专用发票的范围。自2020年2月1日起，全面推行小规模纳税人自行开具增值税专用发票，小规模纳税人（其他个人除外）发生增值税应税行为、需要开具增值税专用发票的，可以自愿使用增值税发票管理系统自行开具。答案为BC。

2.本题考查的是增值税纳税义务发生时间的规定。采取预收货款方式销售货物，为货物发出的当天；采取托收承付和委托银行收款方式销售货物，为发出货物并办妥托收手续的当天。答案为AC。

3.本题考查的是进口货物增值税的纳税期限的规定。纳税人进口货物，应当自海关填发税款缴纳书之日起15日内缴纳税款。答案为A。

## 实践活动2

【活动目标】

通过社会实践，进一步熟悉增值税的报税流程，实现与现实的零接触。

【活动要求】

在报税期内，将班级分为5个调研小组，在老师的帮助下，就近联系5家企业（规模不一定大），调研增值税报税流程。并填写增值税报税流程调查表，见表2-17，最后整理填写增值税报税流程调查汇总表，见表2-18。

**【活动实施】**

表2-17　　　　　　　　　　　增值税报税流程调查表

组别：　　　　　　　　　　　　　　组长：

| 报税流程 | 要点 | 注意事项 |
|---|---|---|
|  |  |  |
|  |  |  |
|  |  |  |
|  |  |  |
|  |  |  |

表2-18　　　　　　　　　　增值税报税流程调查汇总表

| 报税流程 | 要点汇总 | 注意事项汇总 |
|---|---|---|
|  |  |  |
|  |  |  |
|  |  |  |
|  |  |  |
|  |  |  |

拓展提升2-3

小规模纳税人
减免增值税等
政策有关征管
事项

小规模纳税人减免增值税等政策有关征管事项，邀你扫描"拓展提升2-3"二维码。

**【活动指导】**

1.建议选择有代表性的企业作为调查对象。

2.在调查时可以参考上述调查表的调查项目，也可以根据纳税人的实际情况调整或重新设计调查表。

# 项目小结

本项目主要有认识增值税、增值税的计算和增值税的缴纳三项任务，应注重理解增值税的概念和特征，掌握增值税的纳税人、征税范围和税率等主要法律规定，在此基础上，重点掌握一般纳税人增值税的计算，熟悉小规模纳税人和进口货物增值税的计算，并会进行增值税的纳税申报。

# 项目三　消费税计算与智能申报

□ **知识目标**

1. 理解消费税的概念及特征。
2. 掌握消费税的主要法律规定。
3. 掌握消费税应纳税额的计算。
4. 掌握消费税的纳税申报和税款缴纳。

□ **能力目标**

1. 能够正确判断消费税的纳税环节、税目和税率。
2. 能够根据业务资料计算应税消费品的应纳税额。
3. 会根据业务资料填制消费税纳税申报表。

□ **素养目标**

1. 培养求真务实、精益求精的职业精神。
2. 培养节能减排、节约资源、保护环境的意识。
3. 培养理性消费和健康消费的理念。

## 任务3.1　认识消费税

■ ■ ■ ■ **任务描述**

消费税是我国现行税制中重要的流转税。本任务主要介绍消费税的概念、特征、纳税人、税目、税率等主要税收法律规定，学生应当全面认识消费税，为掌握消费税的计算与缴纳做好知识准备。

【案例导入】

红韵卷烟厂为增值税一般纳税人，主要生产云牌卷烟，云牌卷烟不含增值税的调拨价为69元/标准条。红韵卷烟厂将云牌卷烟以调拨价销售给批发商之后，批发商以98元/标准条（不含增值税）的销售价格将云牌卷烟销售给各大商场，最终商场以160元/标准条（含增值税）的价格将云牌卷烟销售给消费者。

请思考：红韵卷烟厂在云牌卷烟的各销售环节上应该如何缴纳消费税？

■■■■ 知识准备

## 一、消费税概述

### （一）消费税的概念

消费税是对在中国境内从事生产、委托加工和进口应税消费品的单位和个人，就其销售额或销售数量，在特定环节征收的一种税。

### （二）消费税的特征

与其他流转税相比，消费税具有如下特征：

#### 1.消费税以特定消费品为征税对象

消费税的征收范围包括15个税目，主要针对某些高档消费品或奢侈品，如游艇、高档手表；某些不可再生的资源类消费品，如木制一次性筷子；某些危害人类健康和社会生态环境的消费品，如烟、酒、鞭炮、焰火。通过征收消费税，引导合理消费，体现税收的宏观调控功能。

【想一想】

我们生活中常见的手机、空调等消费品需要缴纳消费税吗？

#### 2.消费税实行单一环节纳税

消费税一般是在消费品的生产、委托加工和进口环节纳税，在以后的批发、零售环节不再纳税。金银首饰在零售环节征收消费税，卷烟在生产环节、进口环节与批发环节征收消费税，超豪华小汽车在生产环节、进口环节与零售环节征收消费税。

【案例导入分析】

根据我国现行对卷烟征收消费税的规定，各销售环节上应征收的消费税如下：

（1）红韵卷烟厂将云牌卷烟以调拨价销售给批发商的行为，征收消费税。

（2）批发商将云牌卷烟销售给各大商场的行为，征收消费税。

（3）商场将云牌卷烟销售给消费者的行为，不征收消费税。

#### 3.消费税的计税方法灵活

根据应税消费品的不同特点，分别采用从价定率征税、从量定额征税和复合计税办法。

线上小课堂
3-1

#### 4.消费税是价内税

在计算应纳消费税额时，应税销售额是包含消费税而不包含增值税的，因为增值税是价外税。

消费税的改革发展，邀你扫描"线上小课堂3-1"二维码。

消费税制度改
革的发展导向

## 二、消费税的主要法律规定

### （一）纳税义务人

在中国境内生产、委托加工和进口应税消费品的单位和个人，以及由国务院确定的、销售《中华人民共和国消费税暂行条例》规定的消费品的其他单位和个人，为消费税的纳税义务人。

"单位"，是指企业、行政单位、事业单位、军事单位、社会团体以及其他单位；

"个人"，是指个体工商户及其他个人。

## （二）税目

现行消费税共设置15个税目，包括烟，酒，高档化妆品，贵重首饰及珠宝玉石，鞭炮、焰火，成品油，摩托车，小汽车，高尔夫球及球具，高档手表，游艇，木制一次性筷子，实木地板，电池，涂料。应税消费品名称、税率和计量单位对照表，见表3-1。

表3-1　　　　应税消费品名称、税率和计量单位对照表

| 应税消费品名称 | 比例税率 | 定额税率 | 计量单位 |
|---|---|---|---|
| 一、烟 | | | |
| 1.卷烟 | | | |
| （1）工业 | | | |
| ①甲类卷烟（调拨价70元（不含增值税）/条以上（含70元）） | 56% | 30元/万支 | 万支 |
| ②乙类卷烟（调拨价70元（不含增值税）/条以下） | 36% | 30元/万支 | |
| （2）商业批发 | 11% | 50元/万支 | |
| 2.雪茄烟 | 36% | — | 支 |
| 3.烟丝 | 30% | — | 千克 |
| 4.电子烟 | | | |
| （1）生产（进口） | 36% | — | 盒 |
| （2）商业批发 | 11% | — | |
| 二、酒 | | | |
| 1.白酒 | 20% | 0.5元/500克（毫升） | 500克（毫升） |
| 2.黄酒 | — | 240元/吨 | 吨 |
| 3.啤酒 | | | |
| （1）甲类啤酒（出厂价格3 000元（不含增值税）/吨以上（含3 000元）） | — | 250元/吨 | 吨 |
| （2）乙类啤酒（出厂价格3 000元（不含增值税）/吨以下） | — | 220元/吨 | |
| 4.其他酒 | 10% | — | |
| 三、高档化妆品 | 15% | — | 实际使用计量单位 |
| 四、贵重首饰及珠宝玉石 | | | |
| 1.金银首饰、铂金首饰和钻石及钻石饰品 | 5% | — | 实际使用计量单位 |
| 2其他贵重首饰和珠宝玉石 | 10% | — | |
| 五、鞭炮、焰火 | 15% | — | |
| 六、成品油 | | | |
| 1.汽油 | — | 1.52元/升 | 升 |

续表

| 应税消费品名称 | 比例税率 | 定额税率 | 计量单位 |
|---|---|---|---|
| 2.柴油 | — | 1.20元/升 | 升 |
| 3.航空煤油 | — | 1.20元/升 | |
| 4.石脑油 | — | 1.52元/升 | |
| 5.溶剂油 | — | 1.52元/升 | |
| 6.润滑油 | — | 1.52元/升 | |
| 7.燃料油 | — | 1.20元/升 | |
| 七、摩托车 | | | |
| 1.气缸容量（排气量，下同）=250毫升 | 3% | — | 辆 |
| 2.气缸容量>250毫升 | 10% | — | |
| 八、小汽车 | | | |
| 1.乘用车 | | | |
| （1）气缸容量（排气量，下同）≤1.0升 | 1% | — | 辆 |
| （2）1.0升<气缸容量≤1.5升 | 3% | — | |
| （3）1.5升<气缸容量≤2.0升 | 5% | — | |
| （4）2.0升<气缸容量≤2.5升 | 9% | — | |
| （5）2.5升<气缸容量≤3.0升 | 12% | — | |
| （6）3.0升<气缸容量≤4.0升 | 25% | — | |
| （7）气缸容量>4.0升 | 40% | — | |
| 2.中轻型商用客车 | 5% | — | |
| 3.超豪华小汽车 | 10% | — | |
| 九、高尔夫球及球具 | 10% | — | 实际使用计量单位 |
| 十、高档手表 | 20% | — | 只 |
| 十一、游艇 | 10% | — | 艘 |
| 十二、木制一次性筷子 | 5% | — | 万双 |
| 十三、实木地板 | 5% | — | 平方米 |
| 十四、涂料 | 4% | — | 吨 |

【想一想】

线上小课堂 3-2

利群商场销售金银首饰、钻石饰品、高档化妆品、烟、酒、服装、手表、食品等商品，请问利群商场销售的上述商品中，哪些应该缴纳消费税？电子烟消费税征收管理，邀你扫描"线上小课堂3-2"二维码。

电子烟消费税
征收管理

**（三）税率**

税率采用比例税率和定额税率两种。

纳税人兼营不同税率的应税消费品，应当分别核算不同税率应税消费品的销售额或销售数量，未分别核算的，按最高税率征税。

纳税人将应税消费品与非应税消费品以及适用税率不同的应税消费品组成成套消费品销售的，应根据成套消费品的销售额按应税消费品中适用最高税率的消费品税率征税。

消费税的历史沿革，邀你扫描"拓展提升3-1"二维码。

拓展提升3-1

消费税的前世
今生

## ■ ■ ■ 任务实施

### 实践活动1

【活动目标】

通过练习，进一步熟悉消费税的概念和主要法律规定。

【活动要求】

下列选择题中有四个选项，请根据消费税的基本知识，选择出一个或多个正确选项。

【活动实施】

1.根据消费税现行规定，下列属于消费税纳税人的有（　　　）。

A.金银首饰的进口商　　　　　　　　B.高档化妆品的生产商

C.卷烟的批发商　　　　　　　　　　D.金银首饰的零售商

2.依据消费税的有关规定，下列消费品中属于高档化妆品税目的有（　　　）。

A.高档美容化妆品　　　　　　　　　B.高档修饰类化妆品

C.高档护肤类化妆品　　　　　　　　D.成套化妆品

3.某酒厂生产由粮食白酒和药酒组成的礼品套装进行销售，已知粮食白酒适用的消费税税率为20%，药酒适用的消费税税率为10%，则该礼品套装适用的税率为（　　　）。

A.20%　　　　　　　B.10%　　　　　　　C.15%　　　　　　　D.20%和10%

【活动指导】

1.本题考查的是消费税的纳税人和纳税环节。金银首饰在生产、进口和批发环节都不纳税，只在零售环节纳税；高档化妆品在生产环节纳税；卷烟在生产环节与批发环节纳税。答案为BCD。

2.本题考查的是消费税的税目。高档化妆品征收范围包括高档美容、修饰类化妆品，高档护肤类化妆品和成套化妆品。答案为ABCD。

3.本题考查的是最高税率的规定。纳税人将不同税率的应税消费品组成成套消费品销售的，应根据成套消费品的销售额按应税消费品中适用最高税率的消费品税率征税。答案为A。

### 实践活动2

【活动目标】

通过社会实践，进一步熟悉消费税的主要税法规定。

【活动要求】

走访消费税的纳税人，了解该纳税人的税目、税率、纳税环节等，填写关于消费税的调查表，见表3-2。

【活动实施】

表3-2 关于消费税的调查表

| 调查项目 | 调查内容 | 备注 |
|---|---|---|
| 纳税人 | | |
| 税目 | | |
| 税率 | | |
| 纳税环节 | | |

【活动指导】

1.建议选择有代表性的企业作为调查对象。

2.在调查时可以参考上述关于消费税的调查表的调查项目，也可以根据纳税人的实际情况调整或自己设计调查表。

# 任务3.2 消费税的计算

■ ■ ■ ■ 任务描述

在已经掌握了基本要素的基础上，本任务要求学生先确定计税依据，然后学会计算消费税的应纳税额。在计算消费税应纳税额时，学生应当学会生产销售环节、委托加工应税消费品和进口应税消费品应纳税额的计算，以及消费税出口退免税的计算。

【案例导入】

飘香酒厂系增值税一般纳税人，主要生产各种酒，2023年7月份发生经济业务如下：

（1）销售粮食白酒6 000瓶（每瓶500克），每瓶含增值税的销售价为33.9元。

（2）本月发给本厂职工400瓶粮食白酒作为福利，已知粮食白酒每瓶不含增值税的销售价为30元。

请思考：该酒厂本月应缴纳的消费税是多少？

■ ■ ■ ■ 知识准备

## 一、消费税的计税依据

### （一）销售额的确定

#### 1.一般规定

销售额为纳税人销售应税消费品向购买方收取的全部价款和价外费用。相关规定与增值税相同。

#### 2.含增值税销售额的换算

应税消费品的销售额，不包括应向购货方收取的增值税税款，如果纳税人应税消费品的销售额中未扣除增值税税款，或者因不得开具增值税专用发票而发生价款和增值税税款合并收取的，在计算消费税时，应将含增值税的销售额换算为不含增值税的销售额。其换算公式为：

$$应税销售额=含增值税的销售额÷（1+增值税税率或征收率）$$

【例3-1】美丽化妆品厂2023年7月份销售高档化妆品一批，含增值税价款共计169 500元。

要求：计算该厂7月份的应税销售额。

【解析】应税销售额=169 500÷（1+13%）=150 000（元）

### 3.包装物的规定

（1）应税消费品连同包装物销售的，无论包装物是否单独计价，以及在会计上如何核算，均应视为含税收入，换算成不含税收入并入应税消费品的销售额中缴纳消费税。

（2）如果包装物不作价随同产品销售，而是收取押金，此项押金则不应并入应税消费品的销售额中征税。但对因逾期未收回的包装物不再退还的或者已收取的时间超过12个月的押金，应并入应税消费品的销售额，按照应税消费品的适用税率缴纳消费税。

（3）对酒类产品生产企业销售除啤酒、黄酒之外的酒类产品而收取的包装物押金，无论押金是否返还、会计上如何核算，均需并入酒类产品销售额中，征收消费税。

### （二）销售数量的确定

销售数量，是指纳税人生产、加工和进口应税消费品的数量。具体规定如下：

（1）销售应税消费品的，为应税消费品的销售数量。

（2）自产自用应税消费品的，为应税消费品的移送使用数量。

（3）委托加工应税消费品的，为纳税人收回的应税消费品数量。

（4）进口的应税消费品，为海关核定的应税消费品进口征税数量。

黄酒、啤酒是以吨为税额单位，汽油、柴油是以升为税额单位。计量单位（吨、升）换算表，见表3-3。

表3-3 计量单位（吨、升）换算表

| 序号 | 名称 | 计量单位的换算标准 |
| --- | --- | --- |
| 1 | 黄酒 | 1吨=962升 |
| 2 | 啤酒 | 1吨=988升 |
| 3 | 汽油 | 1吨=1 388升 |
| 4 | 柴油 | 1吨=1 176升 |
| 5 | 航空煤油 | 1吨=1 246升 |
| 6 | 石脑油 | 1吨=1 385升 |
| 7 | 溶剂油 | 1吨=1 282升 |
| 8 | 润滑油 | 1吨=1 126升 |
| 9 | 燃料油 | 1吨=1 015升 |

### （三）计税依据的特殊规定

纳税人用外购已税消费品生产同类应税消费品的，可以按生产领用数量扣除已税消费品的税款。具体包括：以外购的已税烟丝为原料生产的卷烟；以外购的已税高档化妆品为原料生产的高档化妆品等。

纳税人用于换取生产资料和消费资料、投资入股和抵偿债务等方面的应税消费品，应当以纳税人同类应税消费品的最高销售价格作为计税依据计算消费税。

## 二、消费税应纳税额的计算

### （一）生产销售环节应税消费品应纳税额的计算

#### 1.直接对外销售应税消费品应纳税额的计算

直接对外销售应税消费品涉及三种计算方法：

（1）采用从价定率计算。

在从价定率计算方法下，应纳税额的计算取决于应税消费品的销售额和适用税率两个因素，其基本计算公式为：

$$应纳税额=应税消费品的销售额×比例税率$$

【例3-2】2023年7月，红星地板厂销售实木地板取得不含税销售额100万元。

要求：计算该厂应缴纳的消费税。

【解析】应纳税额=1 000 000×5%=50 000（元）

超豪华小汽车加征消费税政策，邀你扫描"线上小课堂3-3"二维码。

线上小课堂
3-3

超豪华小汽车
加征消费税

（2）采用从量定额计算。

在从量定额计算方法下，应纳税额的计算取决于应税消费品的销售数量和单位税额两个因素。其基本计算公式为：

$$应纳税额=应税消费品的销售数量×定额税率$$

【例3-3】2023年7月，黄河炼油厂销售无铅汽油400吨、柴油200吨、溶剂油50吨。

要求：计算该炼油厂应缴纳的消费税。

【解析】应纳税额=400×1 388×1.52+200×1 176×1.2+50×1 282×1.52=1 223 576（元）

（3）采用从价定率和从量定额复合计算。

在现行消费税的征税范围中，只有卷烟、白酒采用复合计征方法。其基本计算公式为：

$$应纳税额=应税消费品的销售额×比例税率+应税消费品的销售数量×定额税率$$

【例3-4】黄海卷烟厂为增值税一般纳税人，2023年7月份销售自产的甲类卷烟800箱，每箱的出厂价格为45 000元（不含税），每标准箱的定额税率为150元。

要求：计算该卷烟厂应缴纳的消费税。

【解析】应纳税额=800×45 000×56%+800×150=20 280 000（元）

#### 2.自产自用应税消费品应纳税额的计算

所谓自产自用，就是纳税人生产的应税消费品，不是用于直接对外销售，而是用于自己连续生产应税消费品或其他方面。

（1）用于连续生产应税消费品，不缴纳消费税。

用于连续生产应税消费品，是指纳税人将自产自用的应税消费品作为直接材料生产最终应税消费品，自产自用应税消费品构成最终应税消费品的实体。例如，某卷烟厂以自己生产的烟丝为原料连续生产成卷烟，虽然烟丝也是应税消费品，但是对烟丝不计征消费税，而只对生产出来的卷烟计征消费税。

（2）用于其他方面的，应缴纳消费税。

用于其他方面的，是指纳税人用于生产非应税消费品、在建工程、管理部门、非生产机构提供劳务，以及用于馈赠、赞助、集资、广告、样品、职工福利、奖励等方面。例如，某化妆品厂将自己生产的高档美容化妆品作为礼物馈赠给客户，应缴纳消费税。

（3）计税价格及税额的计算。

纳税人自产自用的应税消费品，凡用于其他方面，应缴纳消费税，其具体计税依据的确定方法有以下两种：

①按照纳税人生产的同类消费品的销售价格计算纳税。

同类消费品的销售价格，是指纳税人当月销售的同类消费品的销售价格，如果当月同类消费品各期销售价格高低不同，应按销售数量加权平均计算。但销售的应税消费品有下列情况之一的，不得列入加权平均计算：销售价格明显偏低又无正当理由的；无销售价格的。

如果当月无销售或当月未完结的，应按照同类消费品上月或最近月份的销售价格计算纳税。

②没有同类消费品销售价格的，按照组成计税价格计算纳税。

实行从价定率方法计算纳税的组成计税价格的计算公式：

$$组成计税价格=成本×（1+成本利润率）÷（1-比例税率）$$
$$应纳税额=组成计税价格×比例税率$$

实行复合计税方法计算纳税的组成计税价格的计算公式：

$$组成计税价格=［（成本×（1+成本利润率）+自产自用数量×定额税率］÷（1-比例税率）$$
$$应纳税额=组成计税价格×比例税率+自产自用数量×定额税率$$

上述公式中，成本是指应税消费品的产品生产成本；利润是指根据应税消费品的全国平均成本利润率计算的利润。应税消费品的全国平均成本利润率由国家税务总局确定，具体规定如下：

（1）乙类卷烟、雪茄烟、烟丝、薯类白酒、其他酒、高档化妆品、鞭炮、焰火、中轻型商用客车、木制一次性筷子、实木地板为5%。

（2）贵重首饰及珠宝玉石、摩托车为6%。

（3）乘用车为8%。

（4）甲类卷烟、电子烟、粮食白酒、高尔夫球及球具、游艇为10%。

（5）高档手表为20%。

（6）电池为4%。

（7）涂料为4%。

【例3-5】新能源地板厂2023年7月份将自产的一批新研制的实木地板用于办公楼的装修，该批地板成本为20万元，市场上没有同类产品。

要求：计算该批地板的组成计税价格。

【解析】组成计税价格=（200 000+200 000×5%）÷（1-5%）=221 052.63（元）

【例3-6】黄海酒厂2023年7月份将本厂新研制的粮食白酒400瓶（每瓶500毫升）

作为广告样品，该白酒无同类产品的市场销售价格，生产成本为15元/瓶。

要求：计算该酒厂新研制的白酒的组成计税价格及应缴纳的消费税。

【解析】组成计税价格=［15×（1+10%）×400+0.5×400］÷（1−20%）=8 500（元）

应纳税额=8 500×20%+400×0.5=1 900（元）

### （二）委托加工应税消费品应纳税额的计算

#### 1.委托加工应税消费品的确定

委托加工的应税消费品，是指由委托方提供原料和主要材料，受托方只收取加工费和代垫部分辅助材料加工的应税消费品。对于由受托方提供原材料生产的应税消费品，或者受托方先将原材料卖给委托方，然后再接受加工的应税消费品，以及由受托方以委托方名义购进原材料生产的应税消费品，不论纳税人在财务上是否作为销售处理，都不得作为委托加工应税消费品，而应当按照销售自制应税消费品缴纳消费税。

#### 2.代收代缴税款的规定

委托加工的应税消费品，除受托方为个人外，由受托方在向委托方交货时代收代缴税款。委托加工的应税消费品，委托方收回后直接出售的，不再缴纳消费税；委托方用于连续生产应税消费品的，所纳税款准予按规定抵扣。

委托个人加工的应税消费品，由委托方收回后缴纳消费税。

#### 3.计税依据的确定及税额的计算

委托加工应税消费品的计税依据在不同情况下有两种确定方法：

（1）按照受托方的同类消费品的销售价格计算纳税。

（2）没有同类消费品销售价格的，按照组成计税价格计算纳税。

实行从价定率办法计算纳税的组成计税价格的计算公式：

$$组成计税价格=（材料成本+加工费）÷（1-比例税率）$$

实行复合计税办法计算纳税的组成计税价格的计算公式：

$$组成计税价格=（材料成本+加工费+委托加工数量×定额税率）÷（1-比例税率）$$

上述公式中，材料成本是指委托方所提供加工材料的实际成本，不包括增值税税款。加工费是指受托方加工应税消费品向委托方收取的全部费用（包括代垫辅助材料的实际成本，不包括增值税税款）。

【例3-7】2023年7月，北京卷烟厂委托大华烟叶复烤厂加工烟丝一批，由北京卷烟厂提供主要原料，合同注明不含增值税的原料成本为85 000元，加工完毕支付加工费7 150元。大华烟叶复烤厂没有同类烟丝的销售价格。

要求：计算北京卷烟厂委托加工这批烟丝的组成计税价格及应缴纳的消费税。

【解析】组成计税价格=（85 000+7 150）÷（1−30%）=131 642.86（元）

应纳税额=131 642.86×30%=39 492.86（元）

#### 4.委托加工收回的应税消费品已纳税款的扣除

委托加工的应税消费品，收回后用于连续生产的应税消费品，在计税时按当期生产领用数量计算，准予扣除委托加工的应税消费品已纳的消费税税款。

### （三）进口应税消费品应纳税额的计算

进口应税消费品于报关进口时缴纳消费税，由进口人或其代理人向报关地海关申报纳税，纳税人进口应税消费品，应当自海关填报海关进口消费税专用缴款书之日起15日内缴纳税款。

纳税人进口应税消费品，按照组成计税价格和规定的税率计算应纳税额。

实行从价定率办法计算纳税的组成计税价格的计算公式：

$$组成计税价格=（关税完税价格+关税）÷（1-比例税率）$$

实行复合计税办法计算纳税的组成计税价格的计算公式：

$$组成计税价格=（关税完税价格+关税+进口数量×定额税率）÷（1-比例税率）$$

【例3-8】2023年7月，美丽化妆品公司从国外进口一批高档化妆品，海关核定的关税完税价格为500 000元，已取得海关开具的完税凭证，已知关税税率为40%。

要求：计算该公司进口这批高档化妆品的组成计税价格及应缴纳的消费税。

【解析】组成计税价格=（500 000+500 000×40%）÷（1-15%）=823 529.41（元）

应纳税额=823 529.41×15%=123 529.41（元）

【案例导入分析】

（1）销售粮食白酒：应纳税额=33.9÷（1+13%）×6 000×20%+6 000×0.5=39 000（元）

（2）发给职工的白酒：应纳税额=400×30×20%+400×0.5=2 600（元）

（3）本月应纳税额=39 000+2 600=41 600（元）

■　■　■　■　**任务实施**

## 实践活动

【活动目标】

通过案例分析，进一步熟练掌握消费税的计算。

【活动要求】

根据案例资料，进行纳税分析，并计算风驰摩托车厂2023年7月份应缴纳的消费税。

【活动实施】

风驰摩托车厂为增值税一般纳税人，生产电掣牌摩托车包括两轮摩托车和三轮摩托车，适用的消费税税率均为3%，2023年7月份发生以下经济业务：

（1）销售自产摩托车40辆，开具的增值税专用发票上注明的销售额为160 000元。

（2）赞助摩托车拉力赛3辆特制摩托车（无同类产品售价），已知每辆车成本为20 000元（成本利润率为6%）。

（3）销售三轮摩托车100辆，开具的增值税专用发票上注明的销售额为800 000元。

【活动指导】

（1）摩托车为应税消费品，其消费税的计算采用从价计征的方法。其计算公式为：

$$应纳税额=销售额×税率$$

销售40辆摩托车的应纳税额=160 000×3%=4 800（元）

销售100辆摩托车的应纳税额=800 000×3%=24 000（元）

（2）赞助摩托车拉力赛属于自产自用应税消费品，视同销售行为，应依法缴纳消费税。由于没有同类价格，应按照组成计税价格计算缴纳税款。其计算公式为：

$$组成计税价格=成本×（1+成本利润率）÷（1-比例税率）$$

$$应纳税额=组成计税价格×比例税率$$

赞助3辆摩托车的应纳税额=20 000×3×（1+6%）÷（1-3%）×3%=1 967.01（元）

（3）本月该厂应缴纳的消费税=4 800+1 967.01+24 000=30 767.01（元）

# 任务3.3  消费税的智能申报

■ ■ ■ ■  **任务描述**

在认识了消费税的基本法律规定、掌握了消费税计算方法的基础上，本任务讲述消费税的纳税申报，学生应当了解消费税纳税申报的知识，明确纳税义务的发生时间、纳税地点、申报期限等，然后根据有关资料进行纳税申报，学会填制消费税纳税申报表。

【案例导入】

黄河卷烟厂系增值税一般纳税人，主要生产和加工卷烟。卷烟不含增值税的调拨价为68元/标准条。黄河卷烟厂2023年7月份有关业务资料如下：

（1）7月20日，销售卷烟1 500标准箱（7 500万支），属于乙类卷烟，专用发票上注明销售额为2 600 000元。

（2）7月22日，将本厂生产的卷烟100条（200支/条）作为礼物赠送给客户。

根据上述资料，请分析纳税情况，并填写消费税及附加税费申报表。

■ ■ ■ ■  **知识准备**

**一、消费税纳税义务发生时间**

纳税人生产的应税消费品于销售时纳税，进口消费品应当于应税消费品报关进口时纳税，但金银首饰、钻石及钻石饰品在零售环节纳税。消费税纳税义务发生的时间，以货款结算方式或行为发生时间来确定。

（1）纳税人销售的应税消费品，其纳税义务的发生时间为：

①纳税人采取赊销和分期收款结算方式的，其纳税义务的发生时间为销售合同规定的收款日期的当天；

②纳税人采取预收货款结算方式的，其纳税义务的发生时间为发出应税消费品的当天；

③纳税人采取托收承付和委托银行收款方式销售的应税消费品，其纳税义务的发生时间为发出应税消费品并办妥托收手续的当天；

④纳税人采取其他结算方式的，其纳税义务的发生时间为收讫销售款或取得销售款凭据的当天。

（2）纳税人自产自用的应税消费品，其纳税义务的发生时间为移送使用的当天。

（3）纳税人委托加工的应税消费品，其纳税义务的发生时间为纳税人提货的当天。

（4）纳税人进口的应税消费品，其纳税义务的发生时间为报关进口的当天。

## 二、消费税纳税地点

有关消费税具体纳税地点的规定如下：

（1）纳税人销售的应税消费品，以及自产自用的应税消费品，国家另有规定的除外，应当向纳税人核算地主管税务机关申报纳税。

（2）委托个人加工的应税消费品，由委托方向其机构所在地或居住地主管税务机关申报纳税。除此之外，由受托方向所在地主管税务机关代收代缴消费税税款。

（3）进口的应税消费品，由进口人或其代理人向报关地海关申报纳税。

（4）纳税人到外县（市）销售或委托外县（市）代销自产应税消费品的，于应税消费品销售后，向其机构所在地或居住地主管税务机关申报纳税。

（5）纳税人的总机构与分支机构不在同一县（市）的，应当分别向各自机构所在地的主管税务机关申报纳税；经财政部、国家税务总局或其授权的财政、税务机关批准的，可以由总机构汇总向总机构所在地的主管税务机关申报纳税。

（6）纳税人销售的应税消费品，如因质量等原因由购买者退回的，经所在地主管税务机关审核批准后，可退还已征收的消费税税款，但不得自行直接抵减应纳税款。

## 三、消费税纳税期限及申报期限

### 1.消费税的纳税期限

消费税的纳税期限分别为1日、3日、5日、10日、15日、1个月或者1个季度。纳税人的具体纳税期限，由主管税务机关根据纳税人应纳税额的大小分别核定，不能按照固定期限纳税的，可以按次纳税。

### 2.消费税的申报期限

纳税人以1个月或者1个季度为一个纳税期的，自期满之日起15日内申报纳税；以1日、3日、5日、10日或者15日为一个纳税期的，自期满之日起5日内预缴税款，并于次月1日起15日内申报纳税并结清上月应纳税款；纳税人进口应税消费品的，应当自海关填发海关进口消费税专用缴款书之日起15日内缴纳税款。

## 四、消费税纳税申报

### （一）纳税申报表构成

纳税人申报消费税时，应一并申报附征的城市维护建设税、教育费附加和地方教育附加等附加税费。

消费税及附加税费申报表分为1张主表（见表3-4）和7张附表。其中，4张为通用附表，1张为成品油消费税纳税人填报的专用附表，2张为卷烟消费税纳税人填报的专用附表。通用附表包括本期准予扣除税额计算表、本期减（免）税额明细表、本期委托加工收回情况报告表和消费税附加税费计算表。

## （二）消费税的智能申报

申报表系统根据纳税人登记的消费税征收品目信息，自动带出申报表主表中的"应税消费品名称""适用税率"等内容以及该纳税人需要填报的附表，方便纳税人填报。

根据纳税人税费种认定的征收品目的不同，填写对应行的销售数量或者销售额，以及本期准予抵减税额、本期减免税额、期初未缴税额、本期缴纳前期应纳税额、本期预缴税额，定额税率、比例税率自动带出，应纳税额、本期应补（退）税额、期末未缴税额自动计算。

**【案例导入分析】**

根据上述资料，黄河卷烟厂2023年7月份关于消费税的缴纳情况分析如下：

（1）销售卷烟。

应纳税额=2 600 000×36%+0.003×75 000 000=1 161 000（元）

（2）将自产卷烟赠送客户。

组成计税价格=68×100=6 800（元）

应纳税额=6 800×36%+0.003×100×200=2 508（元）

（3）应缴纳的消费税。

应纳税额=1 161 000+2 508=1 163 508（元）

填制消费税及附加税费申报表，见表3-4。

表3-4　　　　　　　　　　　　　消费税及附加税费申报表

税款所属期：　　　年　月　日至　　　年　月　日

纳税人识别号（统一社会信用代码）：□□□□□□□□□□□□□□□□□□

纳税人名称：　　　　　　　　　　　　　　　　　金额单位：人民币元（列至角分）

| 应税消费品名称＼项目 | 适用税率 | | 计量单位 | 本期销售数量 | 本期销售额 | 本期应纳税额 |
|---|---|---|---|---|---|---|
| | 定额税率 | 比例税率 | | | | |
| | 1 | 2 | 3 | 4 | 5 | 6=1×4+2×5 |
| | | | | | | |
| | | | | | | |
| | | | | | | |
| 合计 | — | — | — | — | — | |

| | 栏次 | 本期税费额 |
|---|---|---|
| 本期减（免）税额 | 7 | |
| 期初留抵税额 | 8 | |

续表

| | 栏次 | 本期税费额 |
|---|---|---|
| 本期准予扣除税额 | 9 | |
| 本期应扣除税额 | 10=8+9 | |
| 本期实际扣除税额 | 11〔10<（6−7），则为10，否则为6−7〕 | |
| 期末留抵税额 | 12=10−11 | |
| 本期预缴税额 | 13 | |
| 本期应补（退）税额 | 14=6−7−11−13 | |
| 城市维护建设税本期应补（退）税额 | 15 | |
| 教育费附加本期应补（退）费额 | 16 | |
| 地方教育附加本期应补（退）费额 | 17 | |

声明：此表是根据国家税收法律法规及相关规定填写的，本人（单位）对填报内容（及附带资料）的真实性、可靠性、完整性负责。

纳税人（签章）：　　年 月 日

| | |
|---|---|
| 经办人：<br>经办人身份证号：<br>代理机构签章：<br>代理机构统一社会信用代码： | 受理人：<br><br>受理税务机关（章）：<br><br>受理日期：　年 月 日 |

■■ ■ ■ ■ **任务实施**

**实践活动**

【活动目标】

通过实训，进一步掌握消费税的纳税申报。

【活动要求】

根据实训资料，填制消费税及附加税费申报表。

【活动实施】

飘香酒厂（纳税人识别号：914893521465739155）系增值税一般纳税人，主要生产各种酒，2023年7月份发生经济业务如下：

（1）销售粮食白酒6 000瓶（每瓶500克），每瓶含增值税的销售价为33.9元。

（2）本月发给本厂职工400瓶粮食白酒作为福利，已知粮食白酒每瓶不含增值税的销售价为30元。

（3）本月将新研制生产的药酒200瓶赠送给客户，该批药酒每瓶成本价为25元。

【活动指导】

从实训资料及分析中可以看出：

（1）将400瓶粮食白酒发给职工作为福利，应视同销售行为，即该酒厂7月份销售粮食白酒6 400瓶（6 000+400），每瓶500克，即1斤，所以本月粮食白酒销售数量为6 400斤。

粮食白酒的销售额=33.9÷（1+13%）×6 000+400×30=192 000（元）

销售粮食白酒的应纳税额=6 400×0.5+192 000×20%=41 600（元）

（2）研制药酒赠送客户，应视同销售行为。

药酒的销售额=200×25×（1+5%）÷（1−10%）=5 833.33（元）

销售药酒的应纳税额=5 833.33×10%=583.33（元）

（3）该厂本月应缴纳的消费税。

应纳税额=41 600+583.33=42 183.33（元）

填制消费税及附加税费申报表，见表3-4。

# 项目小结

本项目主要有认识消费税、消费税的计算和消费税的缴纳三项任务，应注重理解消费税的概念和特征，尤其应明确消费税的纳税环节，掌握消费税的纳税人、税目和税率等主要法律规定，在此基础上，重点掌握不同情况下消费税的计算，并会进行消费税的纳税申报，重点掌握纳税申报表的填制。

# 项目四　企业所得税计算与智能申报

## 任务4.1　认识企业所得税

■ ■ ■ ■ **任务描述**

　　企业所得税属于我国现行税种中的所得税类。本任务中学生应通过学习企业所得税的概念、特征、纳税人、征税对象、税率等的主要税收法律规定，为掌握企业所得税的计算与缴纳做好知识准备。

**【案例导入】**

　　小王供职于长江实业有限公司，这是一家机械产品加工制造企业，2023年度有员工310人，资产总额6 300万元，公司年销售收入2 100万元，年利润额760万元。

　　请思考：该公司属于哪种纳税人及其所适用的税率？

■■■■ 知识准备

## 一、企业所得税概述

### (一)企业所得税的概念

企业所得税,是指以企业来源于中国境内、境外的生产经营所得和其他所得为征税对象所征收的一种税。企业所得税是国家参与企业利润分配的一种规范形式,是我国目前的主体税种之一。

### (二)企业所得税的特征

#### 1.征税范围广

在中国境内的企业和其他取得收入的组织、境外公司或组织,如有来源于中国境内的收入,都是企业所得税的纳税人,征税对象包括生产经营所得和其他所得,因此征税范围具有广泛性。

#### 2.税负公平

企业所得税实行统一税率,不分地区、行业、内资、外资,税收负担与纳税人的应税所得多少有直接关联,即"多得多征、少得少征、不得不征",较好地体现了税负的公平性。

#### 3.税收负担不易转嫁

企业所得税属于直接税,对企业的所得征税,由纳税人自己负担,不能通过提高商品价格等方式转嫁出去。这有利于促进企业改善经营管理、提升盈利能力。

#### 4.核算较为复杂

由于企业所得税的计税依据是应纳税所得额,其计算与企业的收入、成本、费用、损失等各个方面相关联,且这些项目税法与会计规定多有差异,需要进行纳税调整。另外,企业所得税的计算还涉及消费税、城市维护建设税、教育费附加、关税、房产税、车船税、资源税、印花税等诸多税种。

## 二、企业所得税的主要法律规定

### (一)纳税义务人

企业所得税纳税义务人,是指在中国境内的企业和其他取得收入的组织,包括各类企业、事业单位、社会团体、民办非企业单位和从事经营活动的其他组织等。企业所得税纳税人分为居民企业和非居民企业两类。

#### 1.居民企业

居民企业,是指依法在中国境内成立,或者依照外国(地区)法律成立但实际管理机构在中国境内的企业。实际管理机构,是指对企业的生产经营、人员、财务、财产等实施实质性全面管理和控制的机构,如股东大会、董事会等。例如,海尔集团、澳柯玛集团、可口可乐(中国)公司,就是我国的居民企业。

居民企业承担全面纳税义务,应当就其来源于中国境内、境外的所得缴纳企业所得税。

### 2.非居民企业

非居民企业，是指依照外国（地区）法律成立且实际管理机构不在中国境内，但在中国境内设立机构、场所的，或者在中国境内未设立机构、场所，但有来源于中国境内所得的企业。例如，在我国设立代表处及其他分支机构的微软公司等外国企业就是我国的非居民企业。

非居民企业承担有限纳税义务，一般仅就其取得的来源于中国境内的所得缴纳所得税。对在中国境内未设立机构、场所的非居民企业，或者虽设立机构、场所但取得的所得与其所设机构、场所没有实际联系的中国境内所得应缴纳的所得税，实行源泉扣缴，以支付人为扣缴义务人，税款由支付人在每次支付或到期应支付时，从支付或者到期应支付的款项中扣缴。扣缴义务人未依法扣缴或者无法履行扣缴义务的，由纳税人在所得发生地缴纳企业所得税。

【小提示】

个人独资企业和合伙企业由个人投资者缴纳个人所得税，不是企业所得税的纳税人。

## （二）征税对象

企业所得税的征税对象为企业在中国境内的生产经营所得和其他所得。生产经营所得，是指企业从事物质生产、商品流通、交通运输、劳动服务以及其他营利事业取得的境内、境外所得。其他所得，是指企业有偿转让各类财产取得的财产转让所得，如股息、利息、租金、特许权使用费以及营业外收益等所得。

## （三）税率

企业所得税的基本税率为25%的比例税率，适用于居民企业来源于中国境内、境外的所得，在中国境内设立机构、场所的非居民企业来源于中国境内的所得，以及其发生在中国境外但与其所设机构、场所有实际联系的所得。另有以下专门规定：

（1）符合条件的小型微利企业，减按20%的税率征收企业所得税。

自2023年1月1日至2027年12月31日，对小型微利企业减按25%计算应纳税所得额，按20%的税率缴纳企业所得税。

所谓小型微利企业，是指从事国家非限制和禁止行业，并同时符合下列条件的企业：

①年度应纳税所得额不超过300万元；

②从业人数不超过300人；

③资产总额不超过5 000万元。

小微企业所得税优惠政策，邀你扫描"线上小课堂4-1"二维码。

（2）国家需要重点扶持的高新技术企业，减按15%的税率征收企业所得税。国家需要重点扶持的高新技术企业，是指拥有核心自主知识产权，并符合《高新技术企业认定管理办法》规定条件的企业。

【想一想】

请上网查一查，该类高新技术企业应同时具备哪些条件？

线上小课堂
4-1

小微企业所得税优惠政策

（3）经认定的技术先进型服务企业（服务贸易类），减按15%的税率征收企业所得税。

（4）在中国境内未设立机构、场所，或虽设立机构、场所但取得的所得与其所设机构、场所没有实际联系的非居民企业的中国境内所得，适用20%的税率，实际以减按10%的税率征收企业所得税。

企业所得税税率表，见表4-1。

表4-1                                    企业所得税税率表

| 企业类型 | | 纳税义务 | 税率 |
|---|---|---|---|
| 居民企业 | 一般企业 | 境内所得和境外所得 | 25% |
| | 高新技术企业、技术先进型服务企业 | | 15% |
| | 小型微利企业 | | 20% |
| 非居民企业 | 在中国境内设立机构、场所的 | 与机构、场所有实际联系的境内、境外所得 | 25% |
| | | 与机构、场所没有实际联系的境内所得 | 20%（按10%） |
| | 在中国境内未设立机构、场所的 | 境内所得 | 20%（按10%） |

**【案例导入分析】**

长江实业有限公司依法在中国境内成立，为居民企业纳税义务人。公司的资产总额、从业人数与应纳税所得额等指标均超过小型微利企业标准，因此适用25%的税率。

**【例4-1】** 新辉公司是加工制造企业，有员工250人，资产总额4 600万元，2023年应纳税所得额是98万元。

要求：判断该公司适用的企业所得税税率。

**【解析】** 新辉公司属于小型微利企业，适用20%的企业所得税税率。

### 三、企业所得税的税收优惠

企业所得税的税收优惠政策主要有免税、减税、加计扣除、加速折旧、减计收入、税额抵免等。

#### （一）免税、减税优惠

企业的下列所得，可以免征、减征企业所得税：

（1）从事农、林、牧、渔项目的所得。

企业从事下列项目的所得，免征企业所得税：

①蔬菜、谷物、薯类、油料、豆类、棉花、麻类、糖料、水果、坚果的种植；

②农作物新品种的选育；

③中药材的种植；

④林木的培育和种植；

⑤牲畜、家禽的饲养；

⑥林产品的采集；

⑦灌溉、农产品初加工、兽医、农技推广、农机作业和维修等农、林、牧、渔服务业项目；

⑧远洋捕捞。

企业从事下列项目的所得，减半征收企业所得税：

①花卉、茶以及其他饮料作物和香料作物的种植；

②海水养殖、内陆养殖。

（2）从事国家重点扶持的公共基础设施项目投资经营的所得。

国家重点扶持的公共基础设施项目，是指《公共基础设施项目企业所得税优惠目录》规定的港口码头、机场、铁路、公路、城市公共交通、电力、水利等项目，不包括企业承包经营、承包建设和内部自建自用的项目。企业从事国家重点扶持的公共基础设施项目的投资经营的所得，自项目取得第一笔生产经营收入所属纳税年度起，第1年至第3年免征企业所得税，第4年至第6年减半征收企业所得税。

（3）从事符合条件的环境保护、节能节水项目的所得。

符合条件的环境保护、节能节水项目，包括公共污水处理、公共垃圾处理、沼气综合开发利用、节能减排技术改造、海水淡化等。企业从事符合条件的环境保护、节能节水项目的所得，自项目取得第一笔生产经营收入所属纳税年度起，第1年至第3年免征企业所得税，第4年至第6年减半征收企业所得税。

（4）符合条件的技术转让所得。

一个纳税年度内，居民企业技术转让所得不超过500万元的部分，免征企业所得税；超过500万元的部分，减半征收企业所得税。

**（二）加计扣除优惠**

（1）研究开发费。

企业开展研发活动中实际发生的研发费用，未形成无形资产计入当期损益的，在按规定据实扣除的基础上，自2023年1月1日起，再按照实际发生额的100%在税前加计扣除；形成无形资产的，自2023年1月1日起，按照无形资产成本的200%在税前摊销。

烟草制造业、住宿和餐饮业、批发和零售业、房地产业、租赁和商务服务业、娱乐业不享受加计扣除政策。

研发费用加计扣除，邀你扫描"线上小课堂4-2"二维码。

（2）企业安置残疾人员所支付的工资。

企业安置残疾人员的，在按照支付给残疾职工工资据实扣除的基础上，按照支付给残疾职工工资的100%加计扣除。残疾人员的范围适用《中华人民共和国残疾人保障法》的有关规定。

线上小课堂4-2

（微视频）诸葛小亮送锦囊之研发费用加计扣除政策

**【例4-2】** 新辉公司2023年支付给职工的工资总额为800万元，其中包括支付给残疾人员的工资60万元。

要求：计算该公司2023年税前准予扣除的工资、薪金。

【解析】2023年税前准予扣除的工资、薪金=8 000 000+600 000×100%

$$=8\ 600\ 000（元）$$

（3）企业为安置国家鼓励安置的下岗失业人员、军队转业干部、城镇退役士兵、随军家属等所支付的工资，可以在计算应纳税所得额时加计扣除，具体办法由国务院另行规定。

### （三）固定资产折旧优惠

企业的固定资产由于技术进步等原因，确需加速折旧的，可以缩短折旧年限或者采取加速折旧方法。这类资产包括：

①由于技术进步，产品更新换代较快的固定资产；

②常年处于强震动、高腐蚀状态的固定资产。

采取缩短折旧年限的，最低折旧年限不得低于规定折旧年限的60%；采取加速折旧方法的，可以采取双倍余额递减法或者年数总和法。

自2019年1月1日起，固定资产加速折旧优惠的行业范围，扩大至全部制造业领域。

企业在2024年1月1日至2027年12月31日期间新购进的设备、器具，单位价值不超过500万元的，允许一次性计入当期成本费用在计算应纳税所得额时扣除，不再分年度计算折旧。

### （四）减计收入优惠

企业综合利用资源，生产符合国家产业政策规定的产品所取得的收入，可以在计算应纳税所得额时减计收入。

企业以《资源综合利用企业所得税优惠目录》规定的资源作为主要原材料，生产国家非限制和禁止并符合国家和行业相关标准的产品取得的收入，减按90%计入收入总额。

上述所称原材料占生产产品材料的比例不得低于《资源综合利用企业所得税优惠目录》规定的标准。

### （五）税额抵免优惠

企业购置并实际使用《环境保护专用设备企业所得税优惠目录》、《节能节水专用设备企业所得税优惠目录》和《安全生产专用设备企业所得税优惠目录》规定的环境保护、节能节水、安全生产等专用设备的，该专用设备的投资额的10%可以从企业当年的应纳税额中抵免；当年不足抵免的，可以在以后5个纳税年度结转抵免。

享受前款规定的企业所得税优惠的企业，应当实际购置并自身实际投入使用前款规定的专用设备；企业购置上述专用设备在5年内转让、出租的，应当停止享受企业所得税优惠，并补缴已经抵免的企业所得税税款。

### （六）创投企业优惠

创业投资企业采取股权投资方式投资于国家需要重点扶持和鼓励的未上市的中小高新技术企业2年以上的，可以按照其投资额的70%在股权持有满2年的当年抵扣该创业投资企业的应纳税所得额；当年不足抵扣的，可以在以后的纳税年度结转抵扣。

### （七）扶助小型微利企业的税收优惠

自2023年1月1日至2027年12月31日，对小型微利企业减按25%计算应纳税所得额，按20%的税率缴纳企业所得税。

无论采取查账征收还是核定征收方式，均可以享受该优惠政策。

### （八）开发大西北的税收优惠

自2021年1月1日至2030年12月31日，对设在西部地区的鼓励类产业企业减按15%的税率征收企业所得税。西部地区包括内蒙古自治区、广西壮族自治区、重庆市、四川省、贵州省、云南省、西藏自治区、陕西省、甘肃省、青海省、宁夏回族自治区、新疆维吾尔自治区和新疆生产建设兵团。

企业所得税的发展与创新，邀你扫描"拓展提升4-1"二维码。

拓展提升4-1

企业所得税的
发展与创新

■ ■ ■ ■ **任务实施**

### 实践活动1

【活动目标】

通过练习，进一步熟悉企业所得税的概念、特征和主要法律规定。

【活动要求】

请根据企业所得税的知识，从下列选择题的四个选项中选择出一个或多个正确选项。

【活动实施】

1.判断以下企业（　　　）是居民企业，（　　　）是非居民企业。

A.格力电器股份有限公司

B.微软公司中国办事处

C.伊利集团

D.上海通用汽车有限公司（中美合资企业）

2.下列有关企业所得税税率说法正确的是（　　　）。

A.企业所得税的基本税率为25%

B.非居民企业在中国境内未设立机构、场所的，其来源于中国境内的所得适用20%的税率

C.符合条件的小型微利企业适用15%的税率

D.国家需要重点扶持的高新技术企业适用10%的税率

3.下列项目可享受三免三减半优惠政策的有（　　　）。

A.海水淡化　　　　　　　　　　B.沼气综合开发利用

C.安全生产　　　　　　　　　　D.公共污水处理

【活动指导】

1.本题考查的是企业所得税纳税人的分类标准。注册地或实际管理机构在中国境内的为居民企业纳税人，否则为非居民企业纳税人。答案为ACD是居民企业，B是非居民企业。

2.本题考查的是企业所得税税率的相关法律规定。企业所得税基本税率为25%，小型微利企业适用税率为20%，符合条件的高新技术企业适用税率为15%。答案为AB。

3.本题考查的是企业所得税的税收优惠政策。海水淡化、沼气综合开发利用、公共污水处理享受三免三减半的税收优惠政策。答案为ABD。

### 实践活动2

【活动目标】

通过社会实践，进一步熟悉企业所得税的主要法律规定。

【活动要求】

走访企业所得税的纳税人，了解该纳税人的所属类别、税率、所享受的税收优惠等，填写关于企业所得税的调查表，见表4-2。

【活动实施】

表4-2　　　　　　　　　　　关于企业所得税的调查表

| 调查项目 | 调查内容 | 备注 |
|---|---|---|
| 纳税人 | | |
| 纳税人类别 | | |
| 税率 | | |
| 所享受的税收优惠 | | |

【活动指导】

1.建议选择有代表性的企业作为调查对象。

2.在调查时可以参考表4-2的调查项目，也可以根据纳税人的实际情况调整或自己设计调查表。

## 任务4.2　企业所得税的计算

### ■■■■■　任务描述

企业所得税应纳税额的计算是学习的知识难点。本任务重点学习和掌握企业所得税应纳税所得额的确定及应纳税额的计算。

【案例导入】

长江实业有限公司2023年度生产经营情况如下：

（1）主营业务收入2 560万元。

（2）主营业务成本1 200万元。

（3）销售费用210万元。

　　（4）管理费用100万元（其中，业务招待费用25万元）。

　　（5）当年出租固定资产取得收入40万元。

　　（6）购买国库券取得利息收入20万元。

　　（7）准许税前扣除的有关税费为110万元。

　　（8）经批准向企业职工集资300万元，支付年息30万元，同期银行贷款利率为9%。

　　（9）通过民政部门向南方雪灾地区捐款60万元。

　　请思考：该公司2023年度应缴纳的企业所得税是多少？

### ■ ■ ■ ■ 知识准备

## 一、应纳税所得额的确定

　　企业所得税的计税依据是企业的应纳税所得额，是指企业每一纳税年度的收入总额减除不征税收入、免税收入、各项扣除以及准予弥补的以前年度亏损后的余额，用公式表示为：

$$\frac{\text{应纳税}}{\text{所得额}} = \frac{\text{收入}}{\text{总额}} - \frac{\text{不征税}}{\text{收入额}} - \frac{\text{免税}}{\text{收入额}} - \frac{\text{各项}}{\text{扣除额}} - \frac{\text{准予弥补的以前}}{\text{年度亏损额}}$$

　　另外，也可以间接地根据会计利润总额加上或减去按照税法规定调整的项目金额得到应纳税所得额，用公式表示为：

$$\frac{\text{应纳税}}{\text{所得额}} = \frac{\text{会计利润}}{\text{总额}} + \frac{\text{纳税调整}}{\text{增加额}} - \frac{\text{纳税调整}}{\text{减少额}} - \frac{\text{准予弥补的以前}}{\text{年度亏损额}}$$

　　企业应纳税所得额的计算，以权责发生制为原则，属于当期的收入和费用不论款项是否收付，均作为当期的收入和费用；不属于当期的收入和费用即使款项已经在当期收付，均不作为当期的收入和费用。但是，国务院财政、税务主管部门另有规定的除外。

　　在计算应纳税所得额时，企业财务、会计处理办法与税收法律、行政法规的规定不一致的，应当依照税收法律、行政法规的规定计算。

### （一）收入总额的确定

　　企业以货币形式和非货币形式从各种来源取得的收入，为收入总额。

　　收入总额包括以下类型：

　　（1）销售货物收入，是指企业销售商品、产品、原材料、包装物、低值易耗品以及其他存货取得的收入。

　　（2）提供劳务收入，是指企业从事建筑安装、修理修配、交通运输、仓储租赁、金融保险、邮电通信、咨询经纪、文化体育、科学研究、技术服务、教育培训、餐饮住宿、中介代理、卫生保健、社区服务、旅游、娱乐、加工以及其他劳务服务活动取得的收入。

　　（3）转让财产收入，是指纳税人有偿转让各类财产取得的收入，包括转让固定资产、有价证券、股权以及其他财产而取得的收入。

　　（4）股息、红利等权益性投资收益，是指纳税人对外投资入股分得的股利、红利收入。

（5）利息收入，是指纳税人购买各种债券等有价证券的利息、外单位欠款付给的利息以及其他利息收入。

（6）租金收入，是指纳税人出租固定资产、包装物以及其他财产而取得的租金收入。

（7）接受捐赠收入，是指企业接受的来自其他企业、组织或者个人无偿给予的货币性资产、非货币性资产。

（8）其他收入，是指上述各项收入之外的一切收入，包括固定资产盘盈收入、罚款收入、因债权人缘故确实无法支付的应付款项、物资及现金的溢余收入、教育费附加返还款、包装物押金收入以及其他收入。

## （二）不征税收入的确定

收入总额中的下列收入为不征税收入：

（1）财政拨款，是指各级人民政府对纳入预算管理的事业单位、社会团体等组织拨付的财政资金，但国务院和国务院财政、税务主管部门另有规定的除外。

（2）依法收取并纳入财政管理的行政事业性收费、政府性基金。其中行政事业性收费，是指依照法律法规等有关规定，按照国务院规定程序批准，在实施社会公共管理，以及在向公民、法人或者其他组织提供特定公共服务过程中，向特定对象收取并纳入财政管理的费用。政府性基金，是指企业依照法律、行政法规等有关规定，代政府收取的具有专项用途的财政资金。

（3）国务院规定的其他不征税收入，是指企业取得的由国务院财政、税务主管部门规定专项用途并经国务院批准的财政性资金。

## （三）免税收入的确定

企业的下列收入为免税收入：

（1）国债利息收入，是指企业持有国务院财政部门发行的国债取得的利息收入。

（2）符合条件的居民企业之间的股息、红利等权益性投资收益，即居民企业直接投资于其他居民企业取得的投资收益，不包括连续持有居民企业公开发行并上市流通的股票不足12个月取得的投资收益。

（3）在中国境内设立机构、场所的非居民企业从居民企业取得与该机构、场所有实际联系的股息、红利等权益性投资收益。

（4）符合条件的非营利组织的收入。其中，不包括非营利组织从事营利性活动取得的收入，但国务院财政、税务主管部门另有规定的除外。

## （四）特殊收入的确认

（1）以分期收款方式销售货物的，按照合同约定的收款日期确认收入的实现。

（2）企业受托加工制造大型机械设备、船舶、飞机，以及从事建筑、安装、装配工程业务或者提供其他劳务等，持续时间超过12个月的，按照纳税年度内完工进度或者完成的工作量确认收入的实现。

（3）采取产品分成方式取得收入的，按照企业分得产品的日期确认收入的实现，其收入额按照产品的公允价值确定。

（4）企业发生非货币性资产交换，以及将货物、财产、劳务用于捐赠、偿债、赞助、集资、广告、样品、职工福利和利润分配等用途的，应当视同销售货物、转让财产和提供劳务，但国务院财政、税务主管部门另有规定的除外。

**（五）扣除额的确定**

企业实际发生的与取得收入有关的、合理的支出，包括成本、费用、税金、损失和其他支出，准予在计算应纳税所得额时扣除。

（1）成本，是指企业在生产经营活动中发生的销售成本、销货成本、业务支出以及其他耗费，如商品销售成本、材料销售成本、提供劳务成本等。

（2）费用，是指企业在生产经营活动中发生的销售费用、管理费用和财务费用，已经计入成本的有关费用除外。

（3）税金，是指企业发生的除企业所得税和允许抵扣的增值税以外的各项税金及其附加，已通过成本、费用扣除的税金除外。

（4）损失，是指企业在生产经营活动中发生的固定资产和存货的盘亏、毁损、报废损失，转让财产损失，呆账损失，坏账损失，自然灾害等不可抗力因素造成的损失以及其他损失。

（5）其他支出，是指除成本、费用、税金、损失外，企业在生产经营活动中发生的与生产经营活动有关的合理的支出。

**（六）相关扣除项目的范围和标准**

**1.企业发生的合理的工资、薪金支出可以据实扣除**

工资、薪金，是指企业每一纳税年度支付给在本企业任职或者受雇的员工的所有现金形式或者非现金形式的劳动报酬，包括基本工资、奖金、津贴、补贴、年终加薪、加班工资，以及与员工任职或者受雇有关的其他支出。

"合理"，是指企业制定了较为规范的员工工资、薪金制度；所制定的工资、薪金制度符合行业及地区水平；企业在一定时期所发放的工资、薪金是相对固定的，工资、薪金的调整是有序进行的；企业对实际发放的工资、薪金，已依法履行了代扣代缴个人所得税义务；有关工资、薪金的安排，不以减少或逃避纳税为目的。

**2.职工福利费、工会经费、职工教育经费**

（1）企业发生的职工福利费支出，不超过工资、薪金总额14%的部分，准予扣除。

（2）企业拨缴的工会经费，不超过工资、薪金总额2%的部分，准予扣除。

（3）除国务院财政、税务主管部门另有规定外，企业发生的职工教育经费支出，不超过工资、薪金总额8%的部分，准予扣除；超过部分，准予在以后纳税年度结转扣除。

【例4-3】明伟公司2023年度共实际发放给员工工资、薪金6 500 000元，全年职工福利费、工会经费、职工教育经费实际发生额分别为850 000元、140 000元、557 500元。

要求：当年该公司如何计算税前准予扣除的工资、薪金及三项经费支出。

【解析】实际发放的工资6 500 000元，准予税前扣除。

职工福利费扣除限额=6 500 000×14%=910 000（元），应按实际发生额850 000元税前扣除，不超限额，无须调整。

工会经费扣除限额=6 500 000×2%=130 000（元），应按限额130 000元税前扣除，纳税调增140 000-130 000=10 000（元）。

职工教育经费扣除限额=6 500 000×8%=520 000（元），应按限额520 000元税前扣除，纳税调增为557 500-520 000=37 500（元），实际超过部分可以结转以后年度扣除。

### 3.商业和社会保险费

（1）企业依照国务院有关主管部门或者省级人民政府规定的范围和标准为职工缴纳的基本养老保险费、基本医疗保险费、失业保险费、工伤保险费、生育保险费等基本社会保险费和住房公积金，准予扣除。为投资者或者职工支付的补充养老保险费、补充医疗保险费，在国务院财政、税务主管部门规定的范围和标准内准予扣除。

（2）企业参加财产保险和责任保险，按规定交纳的保险费，可以据实扣除；按国家有关规定为特殊工种职工支付的人身安全保险，可以据实扣除。

（3）企业职工因公出差乘坐交通工具发生的人身意外保险费支出，准予扣除。

（4）企业参加雇主责任险、公众责任险等责任保险，按照规定缴纳的保险费，准予扣除。

（5）企业为职工或投资者支付的人寿保险、财产保险等商业保险，不得扣除。

### 4.借款费用

向金融企业借款的利息支出不需要资本化的，可以据实扣除；向非金融企业借款的利息支出，扣除部分不得超过按照金融企业同期同类贷款利率计算的数额。

企业为购置、建造固定资产、无形资产和经过12个月以上才能达到预定可销售状态的存货而发生的专门借款，在有关资产购置、建造期间发生的合理的借款费用，应当作为资本性支出计入有关资产的成本，不得税前扣除。

【例4-4】新辉公司2023年1月1日向银行借款8 000 000元用于厂房建设，期限2年，年利率为6%，厂房于9月30日达到预定可使用状态。新辉公司另于6月30日向明伟公司借款2 000 000元，期限2年，年利率为8%，新辉公司年末支付了两笔借款的相关利息。

要求：判断这两笔利息可全额税前扣除吗？

【解析】固定资产达到预定可使用状态前的利息支出不得税前扣除，应计入固定资产的成本；向明伟公司借款的利息超过银行同期同类贷款利率计算的部分也不得扣除。

税前可扣除的财务费用=8 000 000×6%÷4×1+2 000 000×6%÷2=180 000（元）

### 5.业务招待费支出

企业发生的与生产经营活动有关的业务招待费支出，按照发生额的60%扣除，但最高不得超过当年销售（营业）收入的5‰。

当年销售（营业）收入，包括主营业务收入（扣除了销货退回和折让）、其他业务收入、视同销售收入；但不包括营业外收入、补贴收入、投资收益。

### 6.广告费和业务宣传费支出

企业发生的符合条件的广告费和业务宣传费支出，除国务院财政、税务主管部门另有规定外，不超过当年销售（营业）收入15%的部分，准予扣除；超过部分，准予在以后纳税年度结转扣除。

自2021年1月1日起至2025年12月31日，对化妆品制造或销售、医药制造和饮料制造（不含酒类制造）企业发生的广告费和业务宣传费支出，不超过当年销售（营业）收入30%的部分，准予扣除；超过部分，准予在以后纳税年度结转扣除。

烟草企业的烟草广告费和业务宣传费支出，一律不得在计算应纳税所得额时扣除。

【例4-5】明伟公司2023年度主营业务收入1 600万元，其他业务收入200万元，营业外收入50万元，投资收益20万元。当年业务招待费支出80万元，广告费支出260万元，宣传费支出40万元。

要求：计算该公司当年可税前扣除的费用是多少？

【解析】业务招待费的60%=80×60%=48（万元），销售收入的5‰=（1 600+200）×5‰=9（万元），按孰低原则，实际可税前扣除的业务招待费为9万元，纳税调增=80-9=71（万元）。

广告费和业务宣传费的扣除限额=（1 600+200）×15%=270（万元），实际支出=260+40=300（万元），本年可税前扣除270万元，纳税调增30万元，超过部分可在以后年度结转扣除。

### 7.环境保护生态恢复专项资金

企业依照法律、行政法规有关规定提取的用于环境保护、生态恢复等方面的专项资金，准予扣除。上述专项资金提取后改变用途的，不得扣除。

### 8.租赁费

企业根据生产经营活动的需要租入固定资产支付的租赁费，按照以下方法扣除：

（1）以经营租赁方式租入固定资产发生的租赁费支出，按照租赁期限均匀扣除。

（2）以融资租赁方式租入固定资产发生的租赁费支出，按照规定构成融资租入固定资产价值的部分应当提取折旧费用，分期扣除。

### 9.劳动保护支出

企业发生的合理的劳动保护支出，准予扣除。

### 10.捐赠和赞助支出

（1）公益性捐赠支出：企业通过公益性社会组织或者县级（含县级）以上人民政府及其组成部门和直属机构，用于慈善活动、公益事业的捐赠支出，在年度利润总额12%以内的部分，准予在计算应纳税所得额时扣除；超过年度利润总额12%的部分，准予结转以后3年内在计算应纳税所得额时扣除。

公益事业，是指非营利的下列事项：救助灾害、救济贫困、扶助残疾人等困难的社会群体和个人的活动；教育、科学、文化、卫生、体育事业；环境保护、社会公共设施建设；促进社会发展和进步的其他社会公共和福利事业。

年度利润总额，是指企业依照国家统一会计制度的规定计算的年度会计利润。

（2）赞助支出：企业发生的广告性质的赞助支出列入广告费，按广告费和宣传费的扣除标准扣除，除广告性赞助支出以外的其他赞助支出不得扣除。

【例4-6】明伟公司2023年度实现会计利润300万元，营业外支出中列支捐赠支出31万元。其中，通过民政部门捐赠给贫困山区30万元；直接捐赠给一孤寡老人1万元现金。

要求：分析该公司捐赠项目的可税前扣除额。

【解析】扣除限额=300×12%=36（万元），实际捐赠30万元，没有超标，可以据实扣除。但直接捐赠不得扣除，纳税调增1万元。

### 11.资产损失

资产损失包括企业的实际资产损失和法定资产损失。实际资产损失，是指企业在实际处置、转让资产过程中发生的合理损失。法定资产损失，是指企业虽未实际处置、转让资产，但符合税法规定条件计算确认的损失。

因报废、盘亏、毁损等原因而不得从增值税销项税额中抵扣的进项税额，可以税前扣除；但应由保险公司或个人赔偿的损失，不得扣除。

### 12.汇兑损失

企业在货币交易中和纳税年度终了时，将人民币以外的货币性资产、负债按照期末即期人民币汇率中间价折算为人民币时产生的汇兑损失，除已经计入有关资产成本以及与向所有者进行利润分配相关的部分外，准予扣除。

## （七）准予弥补的以前年度亏损

企业纳税年度发生的亏损，准予向以后年度结转，用以后年度的所得弥补，但结转年限最长不得超过5年。企业在汇总计算缴纳企业所得税时，其境外营业机构的亏损不得抵减境内营业机构的盈利。

结转年限最长不得超过5年，是指从发生亏损年度的下一纳税年度起连续不断地计算，5年内不论盈利或亏损，都作为实际弥补期限计算。

自2018年1月1日起，当年具备高新技术企业或科技型中小企业资格的企业，其具备资格年度之前5个年度发生的尚未弥补完的亏损，准予结转以后年度弥补，最长结转年限由5年延长至10年。

【例4-7】星辉公司连续6年盈亏情况，见表4-3。

表4-3　　　　　　　　　　　　星辉公司盈亏情况　　　　　　　　　　　单位：万元

| 年度 | 2018 | 2019 | 2020 | 2021 | 2022 | 2023 |
|---|---|---|---|---|---|---|
| 应纳税所得额 | -100 | -80 | -50 | 70 | 120 | 130 |

要求：分析各年亏损弥补情况。

【解析】（1）第1年亏损100万元，可用第4年的应纳税所得额70万元、第5年的应纳税所得额中的30万元弥补。

（2）第2年的亏损80万元，可用第5年的应纳税所得额80万元弥补。

（3）第3年的亏损50万元，可用第5年的应纳税所得额10万元、第6年的应纳税所得额中的40万元弥补。

（4）该企业第1年至第5年均不需要缴纳企业所得税，但在第6年按90万元依法缴纳企业所得税。

### （八）在计算应纳税所得额时，下列支出不得扣除

（1）向投资者支付的股息、红利等权益性投资收益款项。

（2）企业所得税税款。

（3）税收滞纳金。

（4）罚金、罚款和被没收财物的损失。

（5）企业发生的公益救济性捐赠支出以外的捐赠支出。

（6）赞助支出，是指企业发生的与生产经营活动无关的各种非广告性质支出。

（7）未经核定的准备金支出，是指不符合国务院财政、税务主管部门规定的各项资产减值准备、风险准备等准备金支出，包括已计提的坏账准备金。

（8）与取得收入无关的其他支出。

【想一想】

企业因贷款违约而被银行所处的罚息可否税前扣除？赞助某明星演唱会的支出可否税前扣除？

## 二、所得税应纳税额的计算

所得税应纳税额，是指企业的应纳税所得额乘以适用税率，减去依照税收优惠的规定减免和抵免的税额后的余额。其计算公式为：

$$应纳税额=应纳税所得额×适用税率-减免税额-抵免税额$$

公式中的减免税额和抵免税额，是指依照企业所得税法和国务院的税收优惠规定减征、免征和抵免的应纳税额。

应纳税所得额有两种计算方法。

### （一）直接计算法

$$\frac{应纳税}{所得额}=\frac{收入}{总额}-\frac{不征税}{收入额}-\frac{免税}{收入额}-\frac{各项}{扣除额}-\frac{准予弥补的以前}{年度亏损额}$$

【例4-8】利民机械厂2023年度取得主营业务收入3 700万元，其他业务收入300万元，营业外收入110万元，国债利息收入20万元。发生的各项支出有：主营业务成本1 500万元、其他业务成本120万元、缴纳各种税费500万元（其中，增值税420万元）、财务费用100万元、管理费用260万元（其中，业务招待费60万元）、销售费用520万元（其中，广告费300万元）和营业外支出80万元（其中，税收滞纳金10万元、银行罚息3万元）。

要求：计算利民机械厂该年度应纳所得税额。

【解析】①计税收入=3 700+300+110=4 110（万元），国债利息收入免税。

②可税前扣除的成本=1 500+120=1 620（万元）

③增值税为价外税，不可税前扣除。可扣除的税费80万元（500-420）。

④财务费用可据实扣除。

⑤60×60%=36（万元），4 000×5‰=20（万元），36万元>20万元，业务招待费可扣除20万元。

⑥4 000×15%=600（万元），600万元＞300万元，广告费可据实扣除。

⑦税收滞纳金属于行政性罚款，不可扣除；银行罚息，可扣除。

⑧应纳税所得额=4 110-1 620-80-100-（260-60）-20-520-（80-10）=1 500（万元）

⑨应纳所得税额=1 500×25%=375（万元）

## （二）间接计算法

$$
\begin{array}{ccccc}
应纳税 & = & 会计利润 & + & 纳税调整 & - & 纳税调整 & - & 准予弥补的以前 \\
所得额 & & 总额 & & 增加额 & & 减少额 & & 年度亏损额
\end{array}
$$

**【案例导入分析】**

长江实业有限公司的会计利润总额=2 560+40+20-1 200-210-100-110-30-60

=910（万元）

（1）纳税调整增加额。

①25×60%=15（万元），（2 560+40）×5‰=13（万元），15万元＞13万元，业务招待费可扣除额为13万元，纳税调整增加25-13=12（万元）。

②集资借款利息可扣除300×9%=27（万元），纳税调整增加30-27=3（万元）。

③公益救济性捐赠扣除限额为910×12%=109.2（万元），109.2万元＞60万元，没超标准，不用调整。

（2）纳税调整减少额：国债利息收入免税，纳税调整减少20万元。

（3）应纳税所得额=910+12+3-20=905（万元）

（4）应纳所得税额=905×25%=226.25（万元）

**【例4-9】**长城有限责任公司为居民企业，2024年3月对企业进行所得税汇算清缴工作，2023年经营业务如下：

（1）全年主营业务收入2 600万元，材料销售收入300万元，提供劳务收入100万元。

（2）主营业务成本1 200万元，销售材料成本150万元，提供劳务成本50万元。

（3）全年发生管理费用520万元（其中，业务招待费30万元、新技术研发费用40万元），财务费用70万元（其中，一笔向其他企业的借款比向银行贷款多付5万元利息），销售费用700万元（其中，广告费480万元）。

（4）全年缴纳各种税费180万元（其中，增值税130万元）。

（5）全年有接受捐赠的营业外收入90万元，营业外支出60万元（其中，通过民政部门向南方洪涝灾区捐款50万元，支付环保罚款7万元，其余为处置固定资产净损失3万元）。

（6）取得国债利息10万元。

（7）已计入成本费用中的实发工资总额为160万元，计提职工福利费24万元，工会经费3.6万元，职工教育经费14.8万元。

（8）2023年已预缴了企业所得税60万元。

要求：计算长城有限责任公司2023年应补缴的企业所得税。

【解析】（1）会计利润总额=2 600+300+100+90+10−1 200−150−50−520−70−700−
$$（180−130）−60$$
$$=300（万元）$$

（2）纳税调整增加额。

①30×60%=18（万元），3 000×5‰=15（万元），18万元＞15万元，业务招待费可扣除额为15万元，纳税调整增加15万元（30−15）。

②超过银行同期同档利息额不得扣除，纳税调整增加5万元。

③广告费扣除限额=3 000×15%=450（万元），纳税调整增加30万元（480−450）。

④公益救济性捐赠扣除限额=300×12%=36（万元），纳税调整增加14万元（50−36）。

⑤环保罚款不得扣除，纳税调整增加7万元。

⑥职工福利费扣除限额=160×14%=22.4（万元），纳税调整增加1.6万元（24−22.4）。

⑦工会经费扣除限额=160×2%=3.2（万元），纳税调整增加0.4万元（3.6−3.2）。

⑧职工教育经费扣除限额=160×8%=12.8（万元），纳税调整增加2万元（14.8−12.8）。

（3）纳税调整减少额。

①新技术研发费用可加计扣除40万元（40×100%）。

②国债利息免税，纳税调整减少10万元。

（4）应纳税所得额=300+15+5+30+14+7+1.6+0.4+2−40−10=325（万元）

（5）应纳所得税额=325×25%=81.25（万元）

（6）应补缴所得税额=81.25−60=21.25（万元）

## 三、境外已纳税款的抵免

企业取得的已在境外缴纳的所得税税额，可以从其当期应纳税额中抵免，抵免限额为该项所得依照我国税法规定计算的应纳税额；超过抵免限额的部分，可以在以后5个年度内，用每年抵免限额抵免当年应抵税额后的余额进行抵补。

■ ■ ■ ■ **任务实施**

## 实践活动1

【活动目标】
通过练习，进一步熟悉企业所得税应纳税所得额的确认原则。

【活动要求】
请根据企业所得税所学知识，从下列选择题的四个选项中选择出一个或多个正确选项。

【活动实施】
1.下列收入中（　　）应征收企业所得税。

A.接受捐赠一台机器设备的收入

B.销售产品收入

C.国库券利息收入

D.依法代政府收取的具有专项用途的财政资金

2.新日公司2023年度的销售收入为5 000万元，实际发生的与经营活动有关的业务招待费为100万元，该公司按照（　　）万元予以税前扣除。

A.60　　　　　　　　B.100　　　　　　　　C.250　　　　　　　　D.25

3.海山公司是加工制造企业，2023年有从业人员189人，资产总额3 900万元，全年销售额1 700万元，成本700万元，销售税金及附加480万元，按规定列支各种费用350万元。上述成本费用中包括新产品开发费90万元。该公司当年应纳所得税额（　　）万元。

A.3.25　　　　　　　B.4　　　　　　　　C.3.75　　　　　　　D.2.25

【活动指导】

1.本题考查的是企业所得税的征收范围。接受捐赠收入、销售商品收入为应税收入；国库券利息收入免税；依法收取纳入财政管理的政府性基金等为不征税收入。答案为AB。

2.本题考查的是业务招待费的扣除标准。业务招待费按发生额的60%但最高不超过当年销售收入的5‰扣除。答案为D。

3.本题考查的是小型微利企业的标准及税率，符合小微企业的税收优惠政策。答案为B。

### 实践活动2

【活动目标】

通过练习，进一步掌握应纳税所得额的确认及企业所得税应纳税额的计算。

【活动要求】

根据实践资料，分析并计算企业所得税应纳税所得额及应纳税额。

【活动实施】

海飞电视设备有限公司，主要从事液晶电视机、电脑显示器等产品的生产与销售。2023年的收入、成本费用、税金等相关资料如下：

1.主营业务收入5 000万元，其他业务收入300万元，营业外收入50万元。主营业务成本2 100万元，缴纳增值税650万元，城市维护建设税及教育费附加70万元。

2.销售费用1 600万元（其中，广告费800万元、业务宣传费30万元），管理费用500万元（其中，业务招待费60万元、研发费40万元），财务费用70万元（其中，向非金融机构借款1年的利息60万元，年利率为10%，银行同期同类贷款年利率为6%）。

3.营业外支出35万元（其中，因合同违约支付违约金6万元、接受税务机关罚款2万元、通过政府部门向地震灾区捐款20万元），投资收益20万元（其中，从直接投资其他居民企业分回的税后利润15万元、国债利息收入2万元）。

4.2023年支付职工工资总额600万元，职工福利费85万元，职工教育经费51万元，职工工会经费15万元。2023年已预缴企业所得税150万元。

要求：（1）计算该公司2023年度利润总额。

（2）计算该公司2023年度纳税调整增加额和纳税调整减少额。

（3）计算该公司2023年全年应纳所得税额及年终应补缴的税款。

【活动指导】

1.该公司2023年度利润总额

利润总额=5 000+300+50-2 100-70-1 600-500-70-35+20=995（万元）

2.纳税调整增加额

（1）广告费、业务宣传费扣除限额=（5 000+300）×15%=795（万元），超标35万元（800+30-795）。

（2）业务招待费扣除限额=（5 000+300）×5‰=26.5（万元），业务招待费实际发生额的60%=60×60%=36（万元），超标33.5万元（60-26.5）。

（3）利息支出超列2.4万元（60×（10%-6%））。

（4）税务机关罚款2万元不得扣除。

（5）职工福利费扣除限额=600×14%=84（万元），超标1万元（85-84）；

工会经费扣除限额=600×2%=12（万元），超标3万元（15-12）；

职工教育经费扣除限额=600×8%=48（万元），超标3万元（51-48）。

纳税调整增加额=35+33.5+2.4+2+1+3+3=79.9（万元）

3.纳税调整减少额

直接投资其他居民企业分回的税后利润15万元及国债利息收入2万元免税，新技术研发费用加计扣除40×100%=40（万元）。

纳税调整减少额=15+2+40=57（万元）

4.本年应纳税所得额=995+79.9-57=1 017.9（万元）

5.应纳所得税额=1 017.9×25%=254.48（万元）

6.年终应补缴税款=254.48-150=104.48（万元）

企业所得税与增值税视同销售的异同，邀你扫描"拓展提升4-2"二维码。

拓展提升4-2

企业所得税与增值税视同销售的异同

# 任务4.3　企业所得税的智能申报

■ ■ ■ ■　任务描述

税收缴纳是企业税收管理的最后阶段，本任务需要学生通过学习、理解企业所得税的征收方式、纳税期限、纳税地点等相关法律规定，掌握企业所得税的纳税申报。

【案例导入】

王晓辉是立信会计学校会计专业的一名毕业生，2024年4月底，应聘到长城有限责任公司财务部进行税务核算工作，该公司为居民企业。2024年4月对企业进行所得税汇算清缴工作，公司具体财务数据见【例4-9】，王晓辉应该准备哪些资料、按照怎样的步骤进行纳税申报及缴纳工作？

## ■■■■ 知识准备

### 一、纳税期限

企业所得税实行按年计算、分月或分季预缴、年度汇算清缴、多退少补的征纳方法。

企业所得税的纳税年度，自公历1月1日起至12月31日止。纳税人在一个年度中间开业，或者由于合并、关闭等原因，使该纳税年度的实际经营期不足12个月的，应当以其实际经营期为一个纳税年度。纳税人清算时，应当以清算期间作为一个纳税年度。

纳税人应当在月份或者季度终了后15日内，向其机构所在地主管税务机关报送会计报表和预缴所得税申报表，并在规定期限内预缴所得税。预缴方法一经确定，不得随意变更。

企业所得税的年终汇算清缴，在年度终了后5个月内进行。纳税人应在年度终了后5个月内，向其机构所在地主管税务机关报送会计决算报表和所得税申报表，办理年终汇算清缴。

企业在纳税年度内无论盈利或亏损，都应依照规定的期限，向税务机关报送预缴企业所得税纳税申报表、年度企业所得税纳税申报表、财务会计报告和税务机关规定应当报送的其他有关资料。

纳税人进行清算时，应当在进行工商注销登记之前，向当地主管税务机关进行所得税申报。

企业所得税年度汇算清缴管理办法，邀你扫描"线上小课堂4-3"二维码。

线上小课堂
4-3

企业所得税年
度汇算清缴管
理办法

### 二、纳税地点

企业所得税由纳税人向其所在地主管税务机关缴纳。所在地，是指纳税人的实际经营管理地。企业登记注册地与实际经营管理地不一致的，应当以其实际经营管理地为申报纳税所在地。

### 三、纳税申报

#### （一）企业所得税月（季）度预缴纳税申报表的智能填报

实行查账征收方式缴纳企业所得税的纳税人，每月（季）度终了后15日内，向其所在地主管税务机关报送企业所得税月（季）度预缴纳税申报表（A类）（见表4-4），并预缴企业所得税。

以湖北省电子税务局为例，依托税收大数据，由系统自动识别服务对象、自动提取财务报表、自动填入申报要素、自动校验数据逻辑、自动监控税收风险，纳税人只用一键确认，就能自动完成预缴申报。

表4-4　A200000　中华人民共和国企业所得税月（季）度预缴纳税申报表（A类）

税款所属期：　　年　月　日至　　年　月　日

纳税人识别号（统一社会信用代码）：□□□□□□□□□□□□□□□□□□

纳税人名称：　　　　　　　　　　　　　　　　　金额单位：人民币元（列至角分）

| 优惠及附报事项有关信息 | | | | | | | | |
|---|---|---|---|---|---|---|---|---|
| 项目 | 一季度 | | 二季度 | | 三季度 | | 四季度 | | 季度平均值 |
| | 季初 | 季末 | 季初 | 季末 | 季初 | 季末 | 季初 | 季末 | |
| 从业人数 | | | | | | | | | |
| 资产总额（万元） | | | | | | | | | |
| 国家限制或禁止行业 | □是□否 | | | | 小型微利企业 | | | | □是□否 |
| 附报事项名称 | | | | | | | | | 金额或选项 |
| 事项1 | （填写特定事项名称） | | | | | | | | |
| 事项2 | （填写特定事项名称） | | | | | | | | |

| | 预缴税款计算 | 本年累计 |
|---|---|---|
| 1 | 营业收入 | 2 859 778.67 |
| 2 | 营业成本 | 1 869 509.44 |
| 3 | 利润总额 | 890 358.25 |
| 4 | 加：特定业务计算的应纳税所得额 | |
| 5 | 减：不征税收入 | |
| 6 | 减：资产加速折旧、摊销（扣除）调减额（填写A201020） | |
| 7 | 减：免税收入、减计收入、加计扣除（7.1+7.2+…） | |
| 7.1 | （填写优惠事项名称） | |
| 7.2 | （填写优惠事项名称） | |
| 8 | 减：所得减免（8.1+8.2+…） | |
| 8.1 | （填写优惠事项名称） | |
| 8.2 | （填写优惠事项名称） | |
| 9 | 减：弥补以前年度亏损 | |
| 10 | 实际利润额（3+4-5-6-7-8-9）\按照上一纳税年度应纳税所得额平均额确定的应纳税所得额 | 890 358.25 |
| 11 | 税率（25%） | |
| 12 | 应纳所得税额（10×11） | 222 589.56 |
| 13 | 减：减免所得税额（13.1+13.2+…） | 178 071.65 |
| 13.1 | （填写优惠事项名称） | |
| 13.2 | （填写优惠事项名称） | |

续表

| | 预缴税款计算 | | 本年累计 |
|---|---|---|---|
| 14 | 减：本年实际已缴纳所得税额 | | |
| 15 | 减：特定业务预缴（征）所得税额 | | |
| 16 | 本期应补（退）所得税额（12-13-14-15）\税务机关确定的本期应纳所得税额 | | 44 517.91 |
| 汇总纳税企业总分机构税款计算 | | | |
| 17 | 总机构 | 总机构本期分摊应补（退）所得税额（18+19+20） | |
| 18 | | 其中：总机构分摊应补（退）所得税额（16×总机构分摊比例__%） | |
| 19 | | 财政集中分配应补（退）所得税额（16×财政集中分配比例__%） | |
| 20 | | 总机构具有主体生产经营职能的部门分摊所得税额（16×全部分支机构分摊比例__%×总机构具有主体生产经营职能部门分摊比例__%） | |
| 21 | 分支机构 | 分支机构本期分摊比例 | |
| 22 | | 分支机构本期分摊应补（退）所得税额 | |
| 实际缴纳企业所得税计算 | | | |
| 23 | 减：民族自治地区企业所得税地方分享部分：□免征□减征:减征幅度____%） | 本年累计应减免金额[（12-13-15）×40%×减征幅度] | |
| 24 | 实际应补（退）所得税额 | | |
| 谨声明：本纳税申报表是根据国家税收法律法规及相关规定填报的，是真实的、可靠的、完整的。 纳税人（签章）： 年 月 日 | | | |
| 经办人： 经办人身份证号： 代理机构签章： 代理机构统一社会信用代码： | 受理人： 受理税务机关（章）： 受理日期： 年 月 日 | | |

国家税务总局监制

【例 4-10】 华兴食品有限公司是符合条件的小型微利企业，纳税人识别号为913713027788567977。企业所得税按季预缴。2023年第3季度营业收入为 2 859 778.67 万元，营业成本为 1 869 509.44 万元，会计利润总额为 890 358.25 万元。

要求：请根据以上资料填写企业所得税月（季）度预缴纳税申报表（A类）。

【解析】主要数据填写见表4-4。

**（二）填报企业所得税年度纳税申报表及附表**

**1.纳税申报表构成**

查账征收企业所得税的纳税人在年度汇算清缴时，无论盈利还是亏损，都必须在规定的期限内进行纳税申报，填写中华人民共和国企业所得税年度纳税申报表（A类）及附表。企业所得税年度纳税申报表包括主表、附表和明细表，见表4-5至表4-8（部分报表）。

表4-5　　A100000　　中华人民共和国企业所得税年度纳税申报表（A类）　　　　单位：元

| 行次 | 类别 | 项　　目 | 金　　额 |
|---|---|---|---|
| 1 | 利润总额计算 | 一、营业收入（填写A101010\101020\103000） | |
| 2 | | 减：营业成本（填写A102010\102020\103000） | |
| 3 | | 减：税金及附加 | |
| 4 | | 减：销售费用（填写A104000） | |
| 5 | | 减：管理费用（填写A104000） | |
| 6 | | 减：财务费用（填写A104000） | |
| 7 | | 减：资产减值损失 | |
| 8 | | 加：公允价值变动收益 | |
| 9 | | 加：投资收益 | |
| 10 | | 二、营业利润（1-2-3-4-5-6-7+8+9） | |
| 11 | | 加：营业外收入（填写A101010\101020\103000） | |
| 12 | | 减：营业外支出（填写A102010\102020\103000） | |
| 13 | | 三、利润总额（10+11-12） | |
| 14 | 应纳税所得额计算 | 减：境外所得（填写A108010） | |
| 15 | | 加：纳税调整增加额（填写A105000） | |
| 16 | | 减：纳税调整减少额（填写A105000） | |
| 17 | | 减：免税、减计收入及加计扣除（填写A107010） | |
| 18 | | 加：境外应税所得抵减境内亏损（填写A108000） | |
| 19 | | 四、纳税调整后所得（13-14+15-16-17+18） | |
| 20 | | 减：所得减免（填写A107020） | |
| 21 | | 减：弥补以前年度亏损（填写A106000） | |
| 22 | | 减：抵扣应纳税所得额（填写A107030） | |
| 23 | | 五、应纳税所得额（19-20-21-22） | |
| 24 | 应纳税额计算 | 税率（25%） | |
| 25 | | 六、应纳所得税额（23×24） | |
| 26 | | 减：减免所得税额（填写A107040） | |
| 27 | | 减：抵免所得税额（填写A107050） | |
| 28 | | 七、应纳税额（25-26-27） | |
| 29 | | 加：境外所得应纳所得税额（填写A108000） | |
| 30 | | 减：境外所得抵免所得税额（填写A108000） | |
| 31 | | 八、实际应纳所得税额（28+29-30） | |
| 32 | | 减：本年累计实际已预缴的所得税额 | |
| 33 | | 九、本年应补（退）所得税额（31-32） | |
| 34 | | 其中：总机构分摊本年应补（退）所得税额（填写A109000） | |
| 35 | | 财政集中分配本年应补（退）所得税额（填写A109000） | |
| 36 | | 总机构主体生产经营部门分摊本年应补（退）所得税额（填写A109000） | |
| 37 | 实际应纳税额计算 | 减：民族自治区企业所得税地方分享部分：（□免征 □减征：减征幅度__%） | |
| 38 | | 十、本年实际应补（退）所得税（33-37） | |

表4-6 　　　　　　　　　A101010　一般企业收入明细表　　　　　　　　　单位：元

| 行次 | 项　　目 | 金额 |
|---|---|---|
| 1 | 一、营业收入（2+9） | |
| 2 | （一）主营业务收入（3+5+6+7+8） | |
| 3 | 　1.销售商品收入 | |
| 4 | 　　其中：非货币性资产交换收入 | |
| 5 | 　2.提供劳务收入 | |
| 6 | 　3.建造合同收入 | |
| 7 | 　4.让渡资产使用权收入 | |
| 8 | 　5.其他 | |
| 9 | （二）其他业务收入（10+12+13+14+15） | |
| 10 | 　1.销售材料收入 | |
| 11 | 　　其中：非货币性资产交换收入 | |
| 12 | 　2.出租固定资产收入 | |
| 13 | 　3.出租无形资产收入 | |
| 14 | 　4.出租包装物和商品收入 | |
| 15 | 　5.其他 | |
| 16 | 二、营业外收入（17+18+…+26） | |
| 17 | （一）非流动资产处置利得 | |
| 18 | （二）非货币性资产交换利得 | |
| 19 | （三）债务重组利得 | |
| 20 | （四）政府补助利得 | |
| 21 | （五）盘盈利得 | |
| 22 | （六）捐赠利得 | |
| 23 | （七）罚没利得 | |
| 24 | （八）确实无法偿付的应付款项 | |
| 25 | （九）汇兑收益 | |
| 26 | （十）其他 | |

| 表4-7 | A102010　一般企业成本支出明细表 | 单位：元 |
|---|---|---|
| 行次 | 项　目 | 金额 |
| 1 | 一、营业成本（2+9） | |
| 2 | （一）主营业务成本（3+5+6+7+8） | |
| 3 | 　1.销售商品成本 | |
| 4 | 　　其中：非货币性资产交换成本 | |
| 5 | 　2.提供劳务成本 | |
| 6 | 　3.建造合同成本 | |
| 7 | 　4.让渡资产使用权成本 | |
| 8 | 　5.其他 | |
| 9 | （二）其他业务成本（10+12+13+14+15） | |
| 10 | 　1.材料销售成本 | |
| 11 | 　　其中：非货币性资产交换成本 | |
| 12 | 　2.出租固定资产成本 | |
| 13 | 　3.出租无形资产成本 | |
| 14 | 　4.包装物出租成本 | |
| 15 | 　5.其他 | |
| 16 | 二、营业外支出（17+18+…+26） | |
| 17 | （一）非流动资产处置损失 | |
| 18 | （二）非货币性资产交换损失 | |
| 19 | （三）债务重组损失 | |
| 20 | （四）非常损失 | |
| 21 | （五）捐赠支出 | |
| 22 | （六）赞助支出 | |
| 23 | （七）罚没支出 | |
| 24 | （八）坏账损失 | |
| 25 | （九）无法收回的债券股权投资损失 | |
| 26 | （十）其他 | |

表4-8　　　　　　　　　　A105000　纳税调整项目明细表　　　　　　　单位：元

| 行次 | 项目 | 账载金额 | 税收金额 | 调增金额 | 调减金额 |
|---|---|---|---|---|---|
| | | 1 | 2 | 3 | 4 |
| 1 | 一、收入类调整项目（2+3+…8+10+11） | * | * | | |
| 2 | （一）视同销售收入（填写A105010） | * | | | * |
| 3 | （二）未按权责发生制原则确认的收入（填写A105020） | | | | |
| 4 | （三）投资收益（填写A105030） | | | | |
| 5 | （四）按权益法核算长期股权投资对初始投资成本调整确认收益 | * | * | * | |
| 6 | （五）交易性金融资产初始投资调整 | * | * | | * |
| 7 | （六）公允价值变动净损益 | | * | | |
| 8 | （七）不征税收入 | * | * | | |
| 9 | 其中：专项用途财政性资金（填写A105040） | * | * | | |
| 10 | （八）销售折扣、折让和退回 | | | | |
| 11 | （九）其他 | | | | |
| 12 | 二、扣除类调整项目（13+14+…24+26+27+28+29+30） | * | * | | |
| 13 | （一）视同销售成本（填写A105010） | * | | * | |
| 14 | （二）职工薪酬（填写A105050） | | | | |
| 15 | （三）业务招待费支出 | | | | * |
| 16 | （四）广告费和业务宣传费支出（填写A105060） | * | * | | |
| 17 | （五）捐赠支出（填写A105070） | | | | |
| 18 | （六）利息支出 | | | | |
| 19 | （七）罚金、罚款和被没收财物的损失 | | * | | * |
| 20 | （八）税收滞纳金、加收利息 | | * | | * |
| 21 | （九）赞助支出 | | * | | * |
| 22 | （十）与未实现融资收益相关在当期确认的财务费用 | | | | |
| 23 | （十一）佣金和手续费支出（保险企业填写A105060） | | | | |
| 24 | （十二）不征税收入用于支出所形成的费用 | * | * | | * |
| 25 | 其中：专项用途财政性资金用于支出所形成的费用（填写A105040） | * | * | | * |
| 26 | （十三）跨期扣除项目 | | | | |
| 27 | （十四）与取得收入无关的支出 | | * | | * |

| 行次 | 项目 | 账载金额 | 税收金额 | 调增金额 | 调减金额 |
|---|---|---|---|---|---|
| | | 1 | 2 | 3 | 4 |
| 28 | （十五）境外所得分摊的共同支出 | * | * | | * |
| 29 | （十六）党组织工作经费 | | | | |
| 30 | （十七）其他 | | | | |
| 31 | 三、资产类调整项目（32+33+34+35） | * | * | | |
| 32 | （一）资产折旧、摊销（填写A105080） | | | | |
| 33 | （二）资产减值准备金 | | * | | |
| 34 | （三）资产损失（填写A105090） | * | * | | |
| 35 | （四）其他 | | | | |
| 36 | 四、特殊事项调整项目（37+38+…+43） | * | * | | |
| 37 | （一）企业重组及递延纳税事项（填写A105100） | | | | |
| 38 | （二）政策性搬迁（填写A105110） | * | * | | |
| 39 | （三）特殊行业准备金（39.1+39.2+39.4+39.5+39.6+39.7） | * | * | | |
| 39.1 | 1.保险公司保险保障基金 | | | | |
| 39.2 | 2.保险公司准备金 | | | | |
| 39.3 | 其中：已发生未报案未决赔款准备金 | | | | |
| 39.4 | 3.证券行业准备金 | | | | |
| 39.5 | 4.期货行业准备金 | | | | |
| 39.6 | 5.中小企业融资（信用）担保机构准备金 | | | | |
| 39.7 | 6.金融企业、小额贷款公司准备金（填写A105120） | * | * | | |
| 40 | （四）房地产开发企业特定业务计算的纳税调整额（填写A105010） | * | | | |
| 41 | （五）合伙企业法人合伙人应分得的应纳税所得额 | | | | |
| 42 | （六）发行永续债利息支出 | | | | |
| 43 | （七）其他 | * | * | | |
| 44 | 五、特别纳税调整应税所得 | * | * | | |
| 45 | 六、其他 | * | * | | |
| 46 | 合计（1+12+31+36+44+45） | * | * | | |

### 2.智能申报

以辽宁省电子税务局为例，点击进入功能模块后，若尚未报送年度财务报表，系统会提示先行报送当期财务报表再进行企业所得税年度申报，点击"确定"按钮。"利润总额计算部分"可以自动读取财务报表相关行次。

财务报表报送成功后，再次点击"居民企业（查账征收）企业所得税年度申报"项，进入企业所得税年度申报表，填写企业所得税年度纳税申报基础信息。

全部表单信息填写完毕后，点击"确定"按钮，保存成功后，点击"政策风险检查"项，根据系统反馈的风险检查结果提示进行申报表修改，政策风险检查未发现异常后，即可点击"申报"按钮，系统提示申报成功，该业务办理完成。

**【案例导入分析】**

长城有限责任公司2023年度财务数据见【例4-9】，根据相关资料填写的企业所得税年度纳税申报表。

## ■■■■ 任务实施

### 实践活动1

**【活动目标】**

通过练习，进一步熟悉企业所得税的征收方式、纳税期限、纳税地点等相关法律规定。

**【活动要求】**

请根据企业所得税所学知识，从下列选择题的四个选项中选择出一个或多个正确选项。

**【活动实施】**

1.根据企业所得税法的规定，当自年度终了之日起（    ）内，向税务机关报送年度企业所得税纳税申报表，并汇算清缴，结清应缴、应退税款。

A.3个月　　　　　　　　B.4个月　　　　　　　　C.5个月　　　　　　　　D.6个月

2.某企业于2023年5月5日开业，该企业的纳税年度时间为（    ）。

A.2023年1月1日至2023年12月31日

B.2023年5月5日至2024年5月4日

C.2023年5月5日至2023年12月31日

D.以上三种由纳税人选择

**【活动指导】**

1.本题考查的是企业所得税纳税申报期限的相关规定。企业应当自月份或季度终了之日起15日内，年度终了之日起5个月内，向税务机关报送相应的企业所得税纳税申报表。答案为C。

2.本题考查的是企业所得税纳税时间的相关规定。纳税年度自公历1月1日起至12月31日止，实际经营期不足12个月的，应当以实际经营期为一个纳税年度。答案为C。

**实践活动2**

【活动目标】

通过实训操作，进一步掌握企业所得税应纳税额的计算及纳税申报。

【活动要求】

根据实训资料，计算出应纳所得税额并填写相应的纳税申报表。

【活动实施】

美达装饰有限公司符合小型微利企业条件，企业所得税按季预缴。2023年第3季度营业收入为748 668.58万元，营业成本为669 989.56万元，会计利润总额为995 425.52元。

要求：计算该公司第3季度应预缴的企业所得税。

【活动指导】

1.预缴企业所得税时，要关注小微企业的税收优惠政策，无须进行扣除项目的纳税调整。

2.本实践活动考查的是企业所得税纳税申报表的填制，要熟练掌握各栏目的数据来源与数量关系，项目填写完整、准确。具体填写参考【例4-10】。

# 项目小结

本项目主要学习企业所得税的相关法律规定、企业所得税应纳税额的计算与缴纳，应注重理解企业所得税的特征和纳税人的分类标准，掌握各种费用扣除标准等法律规定，理解相关会计制度的差异，在此基础上，重点掌握企业所得税应纳税所得额的确认及应纳税额的计算，掌握各种企业所得税纳税申报表的填制。

# 项目五　个人所得税计算与智能申报

□ 知识目标

1.理解个人所得税的纳税义务人、税率。
2.理解个人所得税的征税范围。
3.掌握个人所得税应纳税额的计算。
4.掌握个人所得税的纳税申报和税款缴纳。

□ 能力目标

1.能够正确判断哪些项目应征收个人所得税，适用何种税率。
2.能够根据业务资料计算应纳个人所得税额。
3.能够根据业务资料进行个人所得税纳税申报。

□ 素养目标

1.培养以身作则、一丝不苟的工作作风。
2.培养光荣纳税的爱国情怀。
3.培养诚信纳税意识和税法遵从意识。

## 任务 5.1　认识个人所得税

### ■■■ 任务描述

个人所得税是以自然人取得的各类应税所得为征税对象而征收的一种所得税，是政府利用税收对个人收入进行调节的一种手段。本任务主要学习个人所得税的概念、特点和纳税人、税目、税率等主要税收法律制度，使学生全面认识个人所得税，为掌握个人所得税的计算与缴纳做好理论知识准备。

### 【案例导入】

王芳在九鼎记账公司实习期间，接待了一位作家吴长，他是一名自由职业者，2023年7月份取得收入如下：（1）被当地电视台"五一"文艺晚会组聘为顾问，取得顾问费4 000元；（2）出版个人作品集，取得收入20 000元。吴长就个人所得税的计算和申报来公司咨询，公司把此项工作安排给王芳。为此，王芳首先要向其介绍个人所得税的概念，包括纳税义务人、征税范围、税率等基本要素，讲解个人所得税的计算和申报情况。

■■　■■■　知识准备

## 一、个人所得税概述

### （一）个人所得税的概念

个人所得税是对个人（即自然人）的劳务和非劳务所得征收的一种税。

### （二）个人所得税的特征

（1）实行综合与分类相结合征收。我国的个人所得税对综合所得采用综合征收，对其他所得采用分类征收的税收管理办法。

（2）累进税率与比例税率并用。其中，综合所得、经营所得适用超额累进税率；利息、股息、红利所得，财产租赁所得，财产转让所得，偶然所得和其他所得等均适用比例税率。

（3）对纳税人的应纳税额分别采取由支付单位和个人源泉扣缴、纳税人自行申报两种方法。

（4）以个人（自然人）作为纳税单位。

党的二十大报告指出，完善个人所得税制度，规范收入分配秩序，规范财富积累机制，保护合法收入，调节过高收入，取缔非法收入。

## 二、个人所得税的主要法律规定

### （一）纳税义务人

个人所得税的纳税义务人是在中国境内居住有所得的人，以及不在中国境内居住而从中国境内取得所得的个人，包括中国公民、个体工商业户、个人独资企业、合伙企业投资者以及在中国有所得的外籍人员和中国港、澳、台同胞。

依据其住所和居住时间两个标准，将纳税义务人分为居民纳税义务人和非居民纳税义务人。

#### 1.居民纳税义务人

居民纳税义务人，是指在中国境内有住所，或者无住所而在境内居住满183天的个人，居民纳税人负有完全纳税的义务，原则上就其来源于中国境内、境外的全部所得缴纳个人所得税。

#### 2.非居民纳税义务人

非居民纳税义务人，是指在中国境内无住所又不居住，或者无住所而在境内居住不满183天但从境内取得所得的个人，非居民纳税义务人承担有限纳税义务，仅就其来源于中国境内的所得缴纳个人所得税。

【知识链接】

在中国境内有住所的个人，是指因户籍、家庭、经济利益关系而在中国境内习惯性居住的个人。所谓习惯性居住，是指判定纳税义务人是居民或非居民的一个法律意义上的标准，不是指实际居住或在某一个特定时期内的居住地。例如，因学习、工作、探亲、旅游等而在中国境外居住的，在其原因消除之后，必须回到中国境内居住的个人，则中国即为该纳税人习惯性居住地。

【例5-1】外籍非居民纳税人约翰发生下列收入：

（1）在中国境内任职取得的工资、薪金收入。

（2）出租境外房屋而取得的收入。

（3）从中国境外的企业取得的红利收入。

（4）因履行合约而在中国境外提供各种劳务取得的报酬。

要求：分析这些收入是否应在中国按规定计算缴纳个人所得税。

【解析】因为非居民纳税人只就其来源于中国境内的所得缴纳个人所得税，上述4项收入中只有第1项是属于来源于中国境内的所得，所以应按规定在中国计算缴纳个人所得税。其余3项收入均不属于来源于中国境内的所得，因此不用在中国缴纳个人所得税。

### （二）税目

《中华人民共和国个人所得税法》列举了9项个人应税所得。

下列各项个人所得，应当缴纳个人所得税：

#### 1.工资、薪金所得

工资、薪金所得，是指个人因任职或者受雇取得的工资、薪金、奖金、年终加薪、劳动分红、津贴、补贴以及与任职或者受雇有关的其他所得。

根据我国目前个人收入的构成情况，规定对于一些不属于工资、薪金性质的补贴、津贴或者不属于纳税人本人工资、薪金所得项目的收入，不予征税。这些项目包括：

（1）独生子女补贴。

（2）执行公务员工资制度未纳入基本工资总额的补贴、津贴差额和家属成员的副食品补贴。

（3）托儿补助费。

（4）差旅费津贴、误餐补助。其中误餐补助，是指按照财政部规定，个人因公在城区、郊区工作，不能在工作单位或返回就餐的，根据实际误餐顿数，按规定的标准领取的误餐费。单位以误餐补助名义发给职工的补助、津贴不能包括在内。

线上小课堂
5-1

个人养老金有关个人所得税政策，邀你扫描"线上小课堂5-1"二维码。

个人养老金有
关个人所得税
政策

#### 2.劳务报酬所得

劳务报酬所得，是指个人从事劳务取得的所得，包括从事设计、装潢、安装、制图、化验、测试、医疗、法律、会计、咨询、讲学、新闻、广播、翻译、审稿、书画、雕刻、影视、录音、录像、演出、表演、广告、展览、技术服务、介绍服务、经纪服务、代办服务以及其他劳务取得的所得。

【小提示】

请注意工资、薪金所得和劳务报酬所得的区别。

在实际操作过程中，还可能出现难以判定一项所得是属于工资、薪金所得，还是属于劳务报酬所得的情况。这二者的区别在于：工资、薪金所得是属于非独立个人劳务活动，即在机关、团体、学校、部队、企业、事业单位及其他组织中任职、受雇而得到的报酬；而劳务报酬所得，则是个人独立从事各种技艺、提供各种劳务取得的报酬。

【例5-2】张慧是蓝天文工团演员，每月工资7 500元，2023年7月份参加某庆典活动，取得出场费10 000元。

要求：请问张慧应如何缴纳个人所得税？

【解析】张慧受雇于蓝天文工团，其每月7 500元的工资属于工资、薪金所得，每月应按工资、薪金所得纳税；参加庆典活动取得的10 000元出场费，是其独立个人劳务活动，属于劳务报酬所得，应按劳务报酬所得纳税。

### 3.稿酬所得

稿酬所得，是指个人因其作品以图书、报刊形式出版、发表而取得的所得。这里所说的作品，是指包括中外文字、图片、乐谱等能以图书、报刊方式出版、发表的作品。个人作品包括本人的著作、翻译的作品等。个人取得遗作稿酬，应按"稿酬所得"项目计税。

### 4.特许权使用费所得

特许权使用费所得，是指个人提供专利权、商标权、著作权、非专利技术以及其他特许权的使用权取得的所得。提供著作权的使用权取得的所得，不包括稿酬所得。

作者将自己的文字作品手稿原件或复印件公开拍卖（竞价）取得的所得，应按"特许权使用费所得"项目计税。

### 5.经营所得

经营所得是指：

（1）个人通过在中国境内注册登记的个体工商户、个人独资企业、合伙企业从事生产、经营活动取得的所得。

（2）个人依法取得执照，从事办学、医疗、咨询以及其他有偿服务活动取得的所得。

（3）个人承包、承租、转包、转租取得的所得。

（4）个人从事其他生产、经营活动取得的所得。

### 6.利息、股息、红利所得

利息、股息、红利所得，是指个人拥有债权、股权等而取得的利息、股息、红利性质的所得。利息，是指个人的存款利息、贷款利息和购买各种债券的利息。股息，也称股利，是指股票持有人根据股份制公司章程规定，凭股票定期从股份公司取得的投资利益。红利，也称公司（企业）分红，是指股份公司或企业根据应分配的利润，按股份分配的超过股息部分的利润。股份制企业以股票形式向股东个人支付股息、红利，即派发红股，应以派发的股票面额为收入额计税。

### 7.财产租赁所得

财产租赁所得，是指个人出租不动产、土地使用权、机器设备、车船以及其他财产而取得的所得。

### 8.财产转让所得

财产转让所得，是指个人转让有价证券、股权、合伙企业中的财产份额、不动产、土地使用权、机器设备、车船以及其他财产取得的所得。对股票转让所得征收个人所得税的办法，由国务院财政、税务主管部门另行制定，报国务院批准后执行。

#### 9.偶然所得

偶然所得，是指个人得奖、中奖、中彩以及其他偶然性质的所得。个人购买社会福利有奖募捐奖券、中国体育彩票，一次中奖收入不超过10 000元的，暂免征收个人所得税，超过10 000元的，应以全额按"偶然所得"项目计税。

个人取得的所得，难以界定应纳税所得项目的，由主管税务机关确定。

### (三) 税率

依据所得项目，个人所得税采取超额累进税率和比例税率两种，其中预扣预缴时适用预扣率。

（1）居民个人综合所得，适用3%至45%的超额累进税率（见表5-1）。

表5-1　　　　　　　　　　　　个人所得税税率表
（综合所得适用）

| 级数 | 全年应纳税所得额 | 税率（%） | 速算扣除数（元） |
|---|---|---|---|
| 1 | 不超过36 000元的 | 3 | 0 |
| 2 | 超过36 000元至144 000元的部分 | 10 | 2 520 |
| 3 | 超过144 000元至300 000元的部分 | 20 | 16 920 |
| 4 | 超过300 000元至420 000元的部分 | 25 | 31 920 |
| 5 | 超过420 000元至660 000元的部分 | 30 | 52 920 |
| 6 | 超过660 000元至960 000元的部分 | 35 | 85 920 |
| 7 | 超过960 000元的部分 | 45 | 181 920 |

（2）居民个人工资、薪金所得预扣预缴税额，适用3%至45%的超额累进预扣率（见表5-2）。

表5-2　　　　　　　　　　　　个人所得税预扣率表
（居民个人工资、薪金所得预扣预缴适用）

| 级数 | 累计预扣预缴应纳税所得额 | 预扣率（%） | 速算扣除数（元） |
|---|---|---|---|
| 1 | 不超过36 000元的 | 3 | 0 |
| 2 | 超过36 000元至144 000元的部分 | 10 | 2 520 |
| 3 | 超过144 000元至300 000元的部分 | 20 | 16 920 |
| 4 | 超过300 000元至420 000元的部分 | 25 | 31 920 |
| 5 | 超过420 000元至660 000元的部分 | 30 | 52 920 |
| 6 | 超过660 000元至960 000元的部分 | 35 | 85 920 |
| 7 | 超过960 000元的部分 | 45 | 181 920 |

（3）经营所得，适用5%至35%的超额累进税率（见表5-3）。

表5-3　　　　　　　　　　　个人所得税税率表

（经营所得适用）

| 级数 | 全年应纳税所得额 | 税率（%） | 速算扣除数（元） |
|---|---|---|---|
| 1 | 不超过30 000元的 | 5 | 0 |
| 2 | 超过30 000元至90 000元的部分 | 10 | 1 500 |
| 3 | 超过90 000元至300 000元的部分 | 20 | 10 500 |
| 4 | 超过300 000元至500 000元的部分 | 30 | 40 500 |
| 5 | 超过500 000元的部分 | 35 | 65 500 |

自2023年1月1日至2027年12月31日，对个体工商户年应纳税所得额不超过200万元的部分，减半征收个人所得税。个体工商户在享受现行其他个人所得税优惠政策的基础上，可叠加享受此项优惠政策。个体工商户不区分征收方式，均可享受。

（4）居民个人劳务报酬所得，适用20%至40%的超额累进预扣率（见表5-4）。

表5-4　　　　　　　　　　　个人所得税预扣率表

（居民个人劳务报酬所得预扣预缴适用）

| 级数 | 预扣预缴应纳税所得额 | 预扣率（%） | 速算扣除数（元） |
|---|---|---|---|
| 1 | 不超过20 000元的 | 20 | 0 |
| 2 | 超过20 000元至50 000元的部分 | 30 | 2 000 |
| 3 | 超过50 000元的部分 | 40 | 7 000 |

（5）非居民个人工资、薪金所得，劳务报酬所得，稿酬所得，特许权使用费所得，适用3%至45%的超额累进税率（见表5-5）。

表5-5　　　　　　　　　个人所得税税率表（月度税率表）

（非居民个人工资、薪金所得，劳务报酬所得，稿酬所得，特许权使用费所得适用）

| 级数 | 应纳税所得额 | 税率（%） | 速算扣除数（元） |
|---|---|---|---|
| 1 | 不超过3 000元的 | 3 | 0 |
| 2 | 超过3 000元至12 000元的部分 | 10 | 210 |
| 3 | 超过12 000元至25 000元的部分 | 20 | 1 410 |
| 4 | 超过25 000元至35 000元的部分 | 25 | 2 660 |
| 5 | 超过35 000元至55 000元的部分 | 30 | 4 410 |
| 6 | 超过55 000元至80 000元的部分 | 35 | 7 160 |
| 7 | 超过80 000元的部分 | 45 | 15 160 |

（6）利息、股息、红利所得，财产租赁所得，财产转让所得和偶然所得，适用比例税率，税率为20%。个人出租房屋取得的所得暂减按10%的税率征收个人所得税。

■ ■ ■ **任务实施**

### 实践活动1

【活动目标】

通过练习，进一步熟悉个人所得税的概念和主要法律规定。

【活动要求】

请根据个人所得税所学知识，从下列选择题的四个选项中选择出一个或多个正确选项。

【活动实施】

1.税法规定，个人所得税的纳税义务人不包括（　　）。

A.个体工商户　　　　　　　　　　B.个人独资企业投资者

C.有限责任公司　　　　　　　　　D.在中国境内有所得的外籍个人

2.综合所得，适用的个人所得税税率为（　　）。

A.5%～20%　　　　B.5%～30%　　　　C.3%～45%　　　　D.3%～50%

3.个人出租不动产、土地使用权、机器设备、车船以及其他财产取得的所得为（　　）。

A.财产转让所得　　　　　　　　　B.财产租赁所得

C.偶然所得　　　　　　　　　　　D.特许权使用费所得

4.下列所得不征收个人所得税的是（　　）。

A.职工取得单位发放的奖金　　　　B.个体户取得的经营收入

C.差旅费津贴　　　　　　　　　　D.劳务报酬所得

【活动指导】

1.本题考查的是个人所得税的纳税义务人概念。个人所得税的纳税义务人分为居民纳税义务人和非居民纳税义务人。个人独资企业和合伙企业（投资者为个人的）也为个人所得税纳税义务人。答案为C。

2.本题考查的是个人所得税的税率。综合所得的税率为超额累进税率3%～45%。答案为C。

3.本题考查的是个人所得税的税目规定。财产租赁所得，是指个人出租不动产、土地使用权、机器设备、车船以及其他财产取得的所得。答案为B。

4.本题考查的是对于一些不属于工资、薪金性质的补贴、津贴或者不属于纳税人本人工资、薪金所得项目的收入，不予征税的项目。这些项目包括独生子女补贴；执行公务员工资制度未纳入基本工资总额的补贴、津贴差额和家属成员的副食品补贴；托儿补助费；差旅费津贴、误餐补助。答案为C。

**实践活动2**

【活动目标】

通过社会实践，进一步熟悉个人所得税的主要法律规定。

【活动要求】

走访个人所得税的纳税人，了解该纳税人适用的税目、税率等，填写关于个人所得税的调查表，见表5-6。

【活动实施】

表5-6                  关于个人所得税的调查表

| 调查项目 | 调查内容 | 备注 |
|---|---|---|
| 纳税人 | | |
| 纳税人类别 | | |
| 应税项目 | | |
| 税率 | | |

【活动指导】

1.建议选择自己的父母和比较亲近的朋友作为调查对象。

2.在调查时可以参考上述关于个人所得税的调查表的调查项目，也可以根据纳税人的实际情况调整或自己设计调查表。

# 任务5.2  个人所得税的计算

■ ■ ■  **任务描述**

《中华人民共和国个人所得税法》列举了9项个人应税所得，计算应纳税所得额，应按不同应税项目分别计算。本任务主要学习9项应纳税所得额的确定以及应纳税额的计算，学生应熟悉税收优惠、境外所得的税额扣除、公益性捐赠的内容。

【案例导入】

王芳通过学习，掌握了个人所得税的基本要素，要进行个人所得税的申报工作，还要进一步学习应纳税所得额的计算，掌握个人所得税应纳税额的计算方法。

■ ■ ■  **知识准备**

## 一、个人所得税的计税依据

个人所得税的计税依据是纳税人取得的应纳税所得额。应纳税所得额为个人取得的各项收入减去税法规定的扣除项目金额后的余额。

个人所得的形式包括现金、实物、有价证券和其他形式的经济利益。

### （一）居民个人的综合所得

居民个人的综合所得，以每一纳税年度的收入额减除费用60 000元以及专项扣除、专项附加扣除和依法确定的其他扣除后的余额为应纳税所得额。

劳务报酬所得、稿酬所得、特许权使用费所得以收入减除20%的费用后的余额为所得额。稿酬所得的收入额减按70%计算。

#### 1. 专项扣除

专项扣除包括居民个人按照国家规定的范围和标准缴纳的基本养老保险、基本医疗保险、失业保险等社会保险费和住房公积金等。

#### 2. 专项附加扣除

专项附加扣除，是指按照税法规定的3岁以下婴幼儿照护、子女教育、继续教育、大病医疗、住房贷款利息、住房租金和赡养老人7项专项附加扣除。

（1）3岁以下婴幼儿照护专项附加扣除。

纳税人照护3岁以下婴幼儿子女的相关支出，按照每个婴幼儿每月2 000元的标准定额扣除。

3岁以下婴幼儿照护，为婴幼儿出生的当月至年满3周岁的前一个月。

父母可以选择由其中一方按扣除标准的100%扣除，也可以选择由双方分别按扣除标准的50%扣除，具体扣除方式在一个纳税年度内不能变更。

3岁以下婴幼儿照护专项附加扣除政策，邀你扫描"线上小课堂5-2"二维码。

线上小课堂
5-2

3岁以下婴幼儿照护专项附加扣除政策

（2）子女教育专项附加扣除。

纳税人的子女接受学前教育和学历教育的相关支出，按照每个子女每年24 000元（每月2 000元）的标准定额扣除。

学前教育包括年满3岁至小学入学前教育。学历教育包括义务教育（小学、初中教育）、高中阶段教育（普通高中、中等职业、技工教育）、高等教育（大学专科、大学本科、硕士研究生、博士研究生教育）。

受教育子女的父母分别按扣除标准的50%扣除；经父母约定，也可以选择由其中一方按扣除标准的100%扣除。具体扣除方式在一个纳税年度内不得变更。

（3）继续教育专项附加扣除。

纳税人接受学历（学位）继续教育的支出，在学历（学位）教育期间按照每年4 800元（每月400元）定额扣除。纳税人接受技能人员职业资格继续教育、专业技术人员职业资格继续教育支出，在取得相关证书的年度，按照每年3 600元定额扣除。个人接受同一学历（学位）教育事项，符合相关办法规定扣除条件的，该项教育支出可以由其父母按照子女教育支出扣除，也可以由本人按照继续教育支出扣除，但不得同时扣除。

（4）大病医疗专项附加扣除。

一个纳税年度内，在社会医疗保险管理信息系统记录（包括医保目录范围内的自付部分和医保目录范围外的自费部分）的由个人负担超过15 000元的医药费用支出部分，为大病医疗支出，可以按照每年80 000元标准限额据实扣除。大病医疗专项附加扣除由纳税人办理汇算清缴时扣除。

纳税人发生的大病医疗支出由纳税人本人或者其配偶扣除。

纳税人应当留存医疗服务收费相关票据原件（或复印件）。

（5）住房贷款利息专项附加扣除。

纳税人本人或配偶使用商业银行或住房公积金个人住房贷款为本人或其配偶购买住房，发生的首套住房贷款利息支出，在偿还贷款期间，可以按照每年12 000元（每月1 000元）的标准定额扣除。非首套住房贷款利息支出，纳税人不得扣除。纳税人只能享受一次首套住房贷款利息扣除。

经夫妻双方约定，可以选择由其中一方扣除，具体扣除方式在一个纳税年度内不得变更。

纳税人应当留存住房贷款合同、贷款还款支出凭证。

（6）住房租金专项附加扣除。

纳税人本人及其配偶在纳税人的主要工作城市没有住房，而在主要工作城市租赁住房发生的租金支出，可以按照以下标准定额扣除：

①租的住房位于直辖市、省会城市、计划单列市以及国务院确定的其他城市，扣除标准为每年18 000元（每月1 500元）；

②承租的住房位于其他城市的，市辖区户籍人口超过100万的，扣除标准为每年13 200元（每月1 100元）；

③承租的住房位于其他城市的，市辖区户籍人口不超过100万（含）的，扣除标准为每年9 600元（每月800元）。

夫妻双方主要工作城市相同的，只能由一方扣除住房租金支出。夫妻双方主要工作城市不相同的，且各自在其主要工作城市都没有住房的，可以分别扣除住房租金支出。

住房租金支出由签订租赁住房合同的承租人扣除。

纳税人及其配偶不得同时分别享受住房贷款利息专项附加扣除和住房租金专项附加扣除。

纳税人应当留存住房租赁合同。

（7）赡养老人专项附加扣除。

纳税人赡养60岁（含）以上父母以及其他法定赡养人的赡养支出，可以按照以下标准定额扣除：

①纳税人为独生子女的，按照每年36 000元（每月3 000元）的标准定额扣除。

②纳税人为非独生子女的，应当与其兄弟姐妹分摊每年36 000元的扣除额度，分摊方式包括平均分摊、被赡养人指定分摊或者赡养人约定分摊，具体分摊方式在一个纳税年度内不得变更。采取指定分摊或约定分摊方式的，每一纳税人分摊的扣除额最高不得超过每年18 000元（每月1 500元），并签订书面分摊协议。指定分摊与约定分摊不一致的，以指定分摊为准。纳税人赡养2位及以上老人的，不按老人人数加倍扣除。

线上小课堂
5-3

（微视频）专扣填报要真实事后抽查无遁形

专扣填报要真实，邀你扫描"线上小课堂5-3"二维码。

### 3.其他扣除

其他扣除包括个人缴付符合国家规定的企业年金、职业年金，个人购买符合国家规定的商业健康保险、税收递延型商业养老保险的支出，以及国务院规定可以扣除的其他项目。

对个人购买符合规定的商业健康保险产品的支出，允许在当年（月）计算应纳税所得额时予以税前扣除，扣除限额为2 400元/年（200元/月）。单位统一为员工购买符合规定的商业健康保险产品的支出，应分别计入员工个人工资、薪金，视同个人购买，按上述限额予以扣除。

#### 【知识链接】

关于"三险一金"的内容如下：

"三险"，是指基本养老保险、基本医疗保险、失业保险；"一金"，是指住房公积金。"三险一金"由用人单位和个人共同支付，定期上缴，存入以个人身份开设的保险账户或公积金账户，由相关社会职能部门统一管理。

按照国家规定，单位为个人缴付的"三险一金"可以从纳税义务人的应纳税所得额中扣除。

专项扣除、专项附加扣除和依法确定的其他扣除，以居民个人一个纳税年度的应纳税所得额为限额。一个纳税年度扣除不完的，不结转以后年度扣除。

### （二）非居民个人的工资、薪金所得

非居民个人的工资、薪金所得，以每月收入额减除费用5 000元后的余额为应纳税所得额；劳务报酬所得、稿酬所得、特许权使用费所得，以每次收入额为应纳税所得额。

### （三）经营所得

经营所得，以每一纳税年度的收入总额减除成本、费用以及损失后的余额为应纳税所得额。

成本、费用，是指个体工商户、个人独资企业、合伙企业以及个人从事其他生产、经营活动发生的各项直接支出和分配计入成本的间接费用以及销售费用、管理费用、财务费用。损失，是指个体工商户、个人独资企业、合伙企业以及个人从事其他生产经营活动发生的固定资产和存货的盘亏、毁损、报废损失，转让财产损失，坏账损失，自然灾害等不可抗力因素造成的损失以及其他损失。

个体工商户业主、个人独资企业投资者、合伙企业个人合伙人以及从事其他生产、经营活动的个人，以其每一纳税年度来源于个体工商户、个人独资企业、合伙企业以及其他生产、经营活动的所得，减除费用60 000元、专项扣除以及依法确定的其他扣除后的余额为应纳税所得额。

个体工商户、个人独资企业、合伙企业以及个人从事其他生产、经营活动，未提供完整、准确的纳税资料，不能正确计算应纳税所得额的，由主管税务机关核定其应纳税所得额。

### （四）财产租赁所得

财产租赁所得，每次收入不超过4 000元的，减除费用800元；4 000元以上的，减除20%的费用，其余额为应纳税所得额。

在确定财产租赁的应纳税所得额时，纳税人在出租财产过程中缴纳的税金和教育费附加，可持完税（缴款）凭证，从其财产租赁收入中扣除。除了规定费用和有关税费外，还准予扣除能够提供有效、准确凭证，证明由纳税人负担的该出租财产实际开支的修缮费用。允许扣除的修缮费用以每次800元为限。一次扣除不完的，准予在下一次继续扣除，直到扣完为止。

### （五）财产转让所得

财产转让所得，以转让财产的收入额减除财产原值和合理费用后的余额，为应纳税所得额。

### （六）利息、股息、红利所得和偶然所得

利息、股息、红利所得和偶然所得，以每次收入额为应纳税所得额。

个人将其所得对教育、扶贫、济困等公益慈善事业进行捐赠，捐赠额未超过纳税人申报的应纳税所得额30%的部分，可以从其应纳税所得额中扣除；国务院规定对公益慈善事业捐赠实行全额税前扣除的，从其规定。

纳税义务人未通过中国境内的社会团体、国家机关而直接给受益人的捐赠，不得扣除。

【例5-3】中国公民小李取得翻译收入20 000元，从中拿出5 000元通过公益性社会团体捐给了贫困地区，假定不考虑其他扣除项目。

要求：计算小李就该笔翻译收入应缴纳的个人所得税。

【解析】向贫困地区捐赠的扣除限额=20 000×（1-20%）×30%=4 800（元）

因为4 800元<5 000元，所以税前准予扣除4 800元。

应纳税额=［20 000×（1-20%）-4 800］×20%=2 240（元）

关于每次收入的确定：

①财产租赁所得，以一个月内取得的收入为一次；

②利息、股息、红利所得，以支付利息、股息、红利时取得的收入为一次；

③偶然所得，以每次取得该项收入为一次。

## 二、个人所得税应纳税额的计算

### （一）综合所得应纳税额的计算

扣缴义务人向居民个人支付工资、薪金所得，劳务报酬所得，稿酬所得，特许权使用费所得时，应预扣预缴个人所得税。年度预扣预缴税额与年度应纳税额不一致的，由居民个人于次年3月1日至6月30日向主管税务机关办理综合所得年度汇算清缴，税款多退少补。

#### 1.工资、薪金所得预扣预缴税额的计算

扣缴义务人向居民个人支付工资、薪金所得时，应当按照累计预扣法计算预扣税款，并按月办理全员全额扣缴申报。其计算公式为：

$$\begin{aligned}\text{本期应预扣预缴税额} &= \left(\text{累计预扣预缴应纳税所得额} \times \text{预扣率} - \text{速算扣除数}\right) \\ &\quad - \text{累计减免税额} - \text{累计已预扣预缴税额}\end{aligned}$$

$$\begin{aligned}\text{累计预扣预缴应纳税所得额} &= \text{累计收入} - \text{累计免税收入} - \text{累计减除费用} \\ &\quad - \text{累计专项扣除} - \text{累计专项附加扣除} - \text{累计依法确定的其他扣除}\end{aligned}$$

其中：累计减除费用，按照 5 000 元/月乘以纳税人当年截至本月在本单位的任职受雇月份数计算。

【例 5-4】某公司职工张某 2023 年 1—3 月份，每月应发工资为 10 000 元，每月"三险一金"专项扣除为 1 500 元，每月专项附加扣除为 1 000 元。

要求：计算张某 2023 年 1—3 月份应预扣预缴的个人所得税。

【解析】

(1) 1 月份应纳税额=（10 000−5 000−1 500−1 000）×3%=75（元）

(2) 2 月份应纳税额=（10 000×2−5 000×2−1 500×2−1 000×2）×3%−75=75（元）

(3) 3 月份应纳税额=（10 000×3−5 000×3−1 500×3−1 000×3）×3%−75−75=75（元）

居民个人取得全年一次性奖金，在 2023 年 12 月 31 日前，可以选择不并入当年综合所得，以全年一次性奖金收入除以 12 个月得到的数额，按照月度税率表，确定适用税率和速算扣除数，单独计算纳税。其计算公式为：

$$\text{应纳税额} = \text{全年一次性奖金收入} \times \text{适用税率} - \text{速算扣除数}$$

**2. 劳务报酬所得预扣预缴税额的计算**

劳务报酬所得预扣预缴税额的计算公式为：

(1) 每次收入不超过 4 000 元的：

$$\text{应预扣预缴税额} = （\text{每次收入额} - 800）\times 20\%$$

(2) 每次收入在 4 000 元以上的：

$$\text{应预扣预缴税额} = \text{每次收入额} \times （1 - 20\%）\times \text{适用税率} - \text{速算扣除数}$$

【例 5-5】歌星刘某 2023 年 7 月份一次取得表演收入 40 000 元。

要求：计算刘某应预扣预缴的个人所得税。

【解析】应预扣预缴税额=40 000×（1−20%）×30%−2 000=7 600（元）

**3. 稿酬所得预扣预缴税额的计算**

稿酬所得预扣预缴税额的计算公式为：

(1) 每次收入不超过 4 000 元的：

$$\text{应预扣预缴税额} = （\text{每次收入额} - 800）\times 70\% \times 20\%$$

(2) 每次收入在 4 000 元以上的：

$$\text{应预扣预缴税额} = \text{每次收入额} \times （1 - 20\%）\times 70\% \times 20\%$$

【例 5-6】某教授 2023 年 4 月份写书取得稿酬收入 15 000 元。

要求：计算该教授应预扣预缴的个人所得税。

【解析】应预扣预缴税额=15 000×（1−20%）×70%×20%=1 680（元）

**4. 特许权使用费所得预扣预缴税额的计算**

特许权使用费所得预扣预缴税额的计算公式为：

(1) 每次收入不超过 4 000 元的：

$$应预扣预缴税额=（每次收入额-800）×20\%$$

（2）每次收入在4 000元以上的：

$$应预扣预缴税额=每次收入额×（1-20\%）×20\%$$

### （二）经营所得应纳税额的计算

经营所得应纳税额的计算公式为：

$$应纳税额=应纳税所得额×适用税率-速算扣除数$$

$$应纳税所得额=全年收入总额-成本、费用及损失$$

### （三）财产租赁所得应纳税额的计算

财产租赁所得应纳税额的计算公式为：

（1）每次收入不超过4 000元的：

$$应纳税额=（每次收入额-800）×20\%$$

（2）每次收入在4 000元以上的：

$$应纳税额=每次收入额×（1-20\%）×20\%$$

【例5-7】中国居民张某在2023年7月份将其小汽车出租给他人使用，取得租金4 500元。

要求：计算张某应缴纳的个人所得税。

【解析】应纳税额=4 500×（1-20%）×20%=720（元）

### （四）财产转让所得应纳税额的计算

财产转让所得应纳税额的计算公式为：

$$应纳税额=（收入总额-财产原值-合理税费）×20\%$$

个人转让房屋的个人所得税应税收入不含增值税，其取得房屋时所支付价款中包含的增值税计入财产原值，计算转让所得时可扣除的税费不包括本次转让缴纳的增值税。

【例5-8】中国公民孙海于2023年7月份转让私有住房一套，取得转让收入220 000元（不含增值税）。该套住房购进时的原价为180 000元，转让时支付有关税费15 000元。

要求：计算孙海转让私有住房应缴纳的个人所得税。

【解析】应纳税额=（220 000-180 000-15 000）×20%=5 000（元）

### （五）利息、股息、红利所得和偶然所得应纳税额的计算

利息、股息、红利所得和偶然所得应纳税额的计算公式为：

$$应纳税额=每次收入额×20\%$$

【例5-9】陈梅在参加商场的有奖销售过程中，中奖所得共计20 000元。

要求：计算商场代扣代缴个人所得税后，陈梅实际可得的中奖金额。

【解析】应纳税额（即商场代扣税款）=20 000×20%=4 000（元）

陈梅实际可得的中奖金额=20 000-4 000=16 000（元）

【案例导入分析】

（案例导入见任务5.1）

吴长应预扣预缴税额的计算如下：

（1）顾问费4 000元，属于劳务报酬所得。

应预扣预缴税额＝（4 000-800）×20%＝640（元）

（2）出版个人作品集取得的收入属于稿酬所得。

应预扣预缴税额＝20 000×（1-20%）×70%×20%＝2 240（元）

（3）应预扣预缴税额。

应预扣预缴税额＝640+2 240＝2 880（元）

### 三、境外税收抵免

居民个人从中国境外取得的所得，可以从其应纳税额中抵免已在境外缴纳的个人所得税税额，但抵免额不得超过该纳税人境外所得依照我国税法规定计算的应纳税额。

### 四、个人所得税的税收优惠

下列各项个人所得，免征个人所得税：

（1）省级人民政府、国务院部委和中国人民解放军军以上单位，以及外国组织、国际组织颁发的科学、教育、技术、文化、卫生、体育、环境保护等方面的奖金。

（2）国债和国家发行的金融债券利息。

（3）按照国家统一规定发给的补贴、津贴。

（4）福利费、抚恤金、救济金。

（5）保险赔款。

（6）军人的转业费、复员费、退役金。

（7）按照国家统一规定发给干部、职工的安家费、退职费、基本养老金或者退休费、离休费、离休生活补助费。

（8）依照有关法律规定应予免税的各国驻华使馆、领事馆的外交代表、领事官员和其他人员的所得。

（9）中国政府参加的国际公约、签订的协议中规定免税的所得。

（10）国务院规定的其他免税所得。

■ ■ ■ ■ **任务实施**

### 实践活动

【活动目标】

通过案例分析进一步熟练掌握个人所得税的计算。

【活动要求】

根据活动资料进行纳税分析，并计算赵某1月份、2月份、3月份应预扣预缴的个人所得税。

【活动实施】

居民赵某2023年每月从任职单位取得工资10 000元，可以扣除的专项扣除，即个人缴纳的"三险一金"为2 500元，专项附加扣除为1 500元。

　　要求：计算赵某1月份、2月份、3月份应预扣预缴的个人所得税。

　　【活动指导】

　　任职单位按累计预扣法计算如下：

　　（1）1月份应预扣预缴税额=［10 000-（5 000+2 500+1 500）］×3%=30（元）

　　（2）2月份应预扣预缴税额=［10 000×2-（5 000+2 500+1 500）×2］×3%-30=30（元）

　　（3）3月份应预扣预缴税额=［10 000×3-（5 000+2 500+1 500）×3］×3%-30-30=30（元）

# 任务5.3　个人所得税的智能申报

■　■■　■　**任务描述**

　　个人所得税的缴纳有两种方法，即自行申报和代扣代缴。本任务主要学习自行申报、代扣代缴的纳税人、纳税期限、纳税地点和申报管理，学生应根据有关资料学会如何进行纳税申报，并填制个人所得税纳税申报表。

　　**【案例导入】**

　　王芳经过努力，掌握了个人所得税应纳税所得额以及应纳税额的计算方法，经计算，吴长应纳税所得额分为两个部分：劳务报酬所得和稿酬所得，应预扣预缴税额2 880元（640+2 240），接下来王芳需要学习个人所得税纳税申报的有关规定，帮助吴长依法纳税。

■　■■　■　**知识准备**

## 一、征收办法

　　个人所得税实行自行申报和代扣代缴两种征收办法。

　　个人所得税以所得人为纳税人，以支付所得的单位或者个人为扣缴义务人。

　　纳税人有中国公民身份号码的，以中国公民身份号码为纳税人识别号；纳税人没有中国公民身份号码的，由税务机关赋予其纳税人识别号。扣缴义务人扣缴税款时，纳税人应当向扣缴义务人提供纳税人识别号。

### （一）自行申报

　　自行申报，是由纳税人自行在税法规定的纳税期限内，向税务机关申报取得的应税所得项目和数额，如实填写个人所得税纳税申报表，并按照税法规定计算应纳税额，据此缴纳个人所得税的一种方法。

　　自行申报的情形包括：

　　（1）取得综合所得需要办理汇算清缴。

　　（2）取得应税所得没有扣缴义务人。

　　（3）取得应税所得，扣缴义务人未扣缴税款。

（4）取得境外所得。

（5）因移居境外注销中国户籍。

（6）非居民个人在中国境内从两处以上取得工资、薪金所得。

（7）国务院规定的其他情形。

### （二）代扣代缴

代扣代缴，是指按照税法规定负有扣缴义务的单位或个人，在向个人支付应纳税所得时，应计算应纳税额，从其所得中扣除并缴入国库，同时向税务机关报送扣缴个人所得税报告表。

#### 1.全员全额扣缴申报

扣缴义务人应当按照规定办理全员全额扣缴申报。

全员全额扣缴申报，是指扣缴义务人在代扣税款的次月15日内，向主管税务机关报送其支付所得的所有个人的有关信息、支付所得数额、扣除事项和数额、扣缴税款的具体数额和总额以及其他相关涉税信息资料。

扣缴义务人应当按照纳税人提供的信息计算办理扣缴申报，不得擅自更改纳税人提供的信息。

扣缴义务人首次向纳税人支付所得时，应当按照纳税人提供的纳税人识别号等基础信息，填写个人所得税基础信息表（A表），并于次月扣缴申报时向主管税务机关报送。

扣缴义务人对纳税人向其报告的相关基础信息变化情况，应当于次月扣缴申报时向主管税务机关报送。

居民个人取得工资、薪金所得时，可以向扣缴义务人提供专项附加扣除有关信息，由扣缴义务人扣缴税款时减除专项附加扣除。纳税人同时从两处以上取得工资、薪金所得，并由扣缴义务人减除专项附加扣除的，对同一专项附加扣除项目，在一个纳税年度内只能选择从一处取得的所得中减除。

对扣缴义务人按照所扣缴的税款，付给2%的手续费。

#### 2.全员全额扣缴申报的范围

实行个人所得税全员全额扣缴申报的应税所得包括：

（1）工资、薪金所得。

（2）劳务报酬所得。

（3）稿酬所得。

（4）特许权使用费所得。

（5）利息、股息、红利所得。

（6）财产租赁所得。

（7）财产转让所得。

（8）偶然所得。

## 二、汇算清缴

### （一）取得综合所得需要办理汇算清缴的纳税申报

取得综合所得需要办理汇算清缴的情形包括：

（1）从两处以上取得综合所得，且综合所得年收入额减除专项扣除的余额超过6万元。

（2）取得劳务报酬所得、稿酬所得、特许权使用费所得中一项或者多项所得，且综合所得年收入额减除专项扣除的余额超过6万元。

（3）纳税年度内预缴税额低于应纳税额。

（4）纳税人申请退税。

纳税人可以委托扣缴义务人或者其他单位和个人办理汇算清缴。

需要办理汇算清缴的纳税人，应当在取得所得的次年3月1日至6月30日内，向任职、受雇单位所在地主管税务机关办理纳税申报，并报送《个人所得税年度自行纳税申报表》。

纳税人有两处以上任职、受雇单位的，选择向其中一处任职、受雇单位所在地主管税务机关办理纳税申报；纳税人没有任职、受雇单位的，向户籍所在地或经常居住地主管税务机关办理纳税申报。

### （二）取得经营所得的纳税申报

纳税人取得经营所得，按年计算个人所得税，由纳税人在月度或季度终了后15日内，向经营管理所在地主管税务机关办理预缴纳税申报，并报送个人所得税经营所得纳税申报表（A表）。在取得所得的次年3月31日前，向经营管理所在地主管税务机关办理汇算清缴，并报送个人所得税经营所得纳税申报表（B表）；从两处以上取得经营所得的，选择向其中一处经营管理所在地主管税务机关办理年度汇总申报，并报送个人所得税经营所得纳税申报表（C表）。

纳税人可以采用远程办税端、邮寄等方式申报，也可以直接到主管税务机关申报。

## 三、纳税期限

居民个人取得综合所得，按年计算个人所得税；有扣缴义务人的，由扣缴义务人按月或者按次预扣预缴税款；需要办理汇算清缴的，应当在取得所得的次年3月1日至6月30日内办理汇算清缴。预扣预缴办法由国务院税务主管部门制定。

纳税人取得经营所得，按年计算个人所得税，由纳税人在月度或者季度终了后15日内向税务机关报送纳税申报表，并预缴税款；在取得所得的次年3月31日前办理汇算清缴。

纳税人取得利息、股息、红利所得，财产租赁所得，财产转让所得和偶然所得，按月或者按次计算个人所得税，有扣缴义务人的，由扣缴义务人按月或者按次代扣代缴税款。

纳税人取得应税所得没有扣缴义务人的，应当在取得所得的次月15日内向税务机关报送纳税申报表，并缴纳税款。

纳税人取得应税所得，扣缴义务人未扣缴税款的，纳税人应当在取得所得的次年6月30日前，缴纳税款；税务机关通知限期缴纳的，纳税人应当按照期限缴纳税款。

居民个人从中国境外取得所得的，应当在取得所得的次年3月1日至6月30日内申报纳税。

非居民个人在中国境内从两处以上取得工资、薪金所得的，应当在取得所得的次月15日内申报纳税。

扣缴义务人每月或者每次预扣、代扣的税款，应当在次月15日内缴入国库，并向主管税务机关报送扣缴个人所得税申报表。

纳税人因移居境外注销中国户籍的，应当在注销中国户籍前办理税款清算。

个人所得税综合所得汇算清缴，邀你扫描"线上小课堂5-4"二维码。

线上小课堂
5-4

个人所得税
综合所得汇算
清缴

## 四、个人所得税的纳税申报

### （一）个人所得税扣缴申报

#### 1.个人所得税扣缴申报表

个人所得税扣缴申报表（见表5-7）适用于扣缴义务人向居民个人支付工资、薪金所得，劳务报酬所得，稿酬所得和特许权使用费所得的个人所得税全员全额预扣预缴申报；向非居民个人支付工资、薪金所得，劳务报酬所得，稿酬所得和特许权使用费所得的个人所得税全员全额扣缴申报；向纳税人（居民个人和非居民个人）支付利息、股息、红利所得，财产租赁所得，财产转让所得和偶然所得的个人所得税全员全额扣缴申报。

#### 2.个人所得税扣缴的智能申报

通过个人所得税申报App智能化操作，可以根据用户的个人信息自动计算税款并填写相应表格。用户只需输入相关信息，如收入、扣除项目和税务优惠等，个人所得税申报App即可根据税法规定和政策解释自动计算纳税金额。

### （二）个人所得税年度自行纳税申报表

个人所得税年度自行纳税申报表（简表）（见表5-8）适用于居民个人取得境内综合所得，按税法规定进行个人所得税汇算清缴。居民个人取得综合所得需要办理汇算清缴的，应当在取得所得的次年3月1日至6月30日内，向主管税务机关办理汇算清缴，并报送本表。

### 【案例导入分析】

吴长是自由职业者，假定没有扣缴义务人，应自行申报纳税，年收入为24 000元（4 000+20 000），应按填表说明正确填写个人所得税年度自行纳税申报表，见表5-8。

表5-7

**个人所得税扣缴申报表**

税款所属期： 年 月 日至 年 月 日

扣缴义务人名称：

扣缴义务人纳税人识别号（统一社会信用代码）：□□□□□□□□□□□□□□□□□□

金额单位：人民币元（列至角分）

| 序号 | 姓名 | 身份证件类型 | 身份证件号码 | 纳税人识别号 | 是否为非居民个人 | 所得项目 | 收入额计算 | | | 本月（次）情况 | | | | | 其他扣除 | | | | | | 累计情况（工资、薪金） | | | | 累计专项附加扣除 | | | | | | | 税款计算 | | | | | | | | 备注 |
|---|---|---|---|---|---|---|---|---|---|---|---|---|---|---|---|---|---|---|---|---|---|---|---|---|---|---|---|---|---|---|---|---|---|---|---|---|---|---|---|---|
| | | | | | | | 收入 | 费用 | 免税收入 | 减除费用 | 专项扣除 | | | | | | | | | | 累计收入额 | 累计减除费用 | 累计专项扣除 | | 子女教育 | 继续教育 | 住房贷款利息 | 住房租金 | 赡养老人 | 3岁以下婴幼儿照护 | 累计其他扣除 | 减按计税比例 | 准予扣除的捐赠额 | 累计预扣预缴应纳税所得额 | 税率／预扣率 | 速算扣除数 | 应纳税额 | 减免税额 | 已扣缴税额 | 应补／退税额 | |
| | | | | | | | | | | | 基本养老保险费 | 基本医疗保险费 | 失业保险费 | 住房公积金 | 年金 | 商业健康保险 | 税延养老保险 | 财产原值 | 允许扣除的税费 | 其他 | | | | | | | | | | | | | | | | | | | | | |
| | 2 | 3 | 4 | 5 | 6 | 7 | 8 | 9 | 10 | 11 | 12 | 13 | 14 | 15 | 16 | 17 | 18 | 19 | 20 | 21 | 22 | 23 | 24 | | 25 | 26 | 27 | 28 | 29 | 30 | 31 | 32 | 33 | 34 | 35 | 36 | 37 | 38 | 39 | 40 | 41 |
| 1 | | | | | | | | | | | | | | | | | | | | | | | | | | | | | | | | | | | | | | | | | |
| | | | | | | | | | | | | | | | | | | | | | | | | | | | | | | | | | | | | | | | | | |
| 合计 | | | | | | | | | | | | | | | | | | | | | | | | | | | | | | | | | | | | | | | | | |

谨声明：本扣缴申报表是根据国家税收法律法规及相关规定填报的，是真实的、可靠的、完整的。

扣缴义务人（签章）： 年 月 日

经办人签字：

经办人身份证件号码：

代理机构签章：

代理机构统一社会信用代码：

受理人：

受理税务机关（章）：

受理日期： 年 月 日

国家税务总局监制

表5-8　　　　　　　　个人所得税年度自行纳税申报表（简表）

税款所属期：　　年　月　日至　　年　月　日

纳税人姓名：

纳税人识别号：□□□□□□□□□□□□□□□□□□　　　　金额单位：元（列至角分）

| 项目 | 行次 | 金额 |
|---|---|---|
| 一、收入合计（1=2+3+4+5） | 1 | |
| 　（一）工资、薪金所得 | 2 | |
| 　（二）劳务报酬所得 | 3 | |
| 　（三）稿酬所得 | 4 | |
| 　（四）特许权使用费所得 | 5 | |
| 二、费用合计 | 6 | |
| 三、免税收入合计 | 7 | |
| 四、减除费用 | 8 | |
| 五、专项扣除合计（9=10+11+12+13） | 9 | |
| 　（一）基本养老保险费 | 10 | |
| 　（二）基本医疗保险费 | 11 | |
| 　（三）失业保险费 | 12 | |
| 　（四）住房公积金 | 13 | |
| 六、专项附加扣除合计（14=15+16+17+18+19+20） | 14 | |
| 　（一）子女教育 | 15 | |
| 　（二）继续教育 | 16 | |
| 　（三）大病医疗 | 17 | |
| 　（四）住房贷款利息 | 18 | |
| 　（五）住房租金 | 19 | |
| 　（六）赡养老人 | 20 | |
| 　（七）3岁以下婴幼照护 | 21 | |
| 七、其他扣除合计（22=23+24+25+26+27+28） | 22 | |
| 　（一）年金 | 23 | |
| 　（二）商业健康保险 | 24 | |
| 　（三）税延养老保险 | 25 | |
| 　（四）允许扣除的税费 | 26 | |
| 　（五）个人养老金 | 27 | |
| 　（六）其他 | 28 | |

续表

| 项目 | 行次 | 金额 |
|---|---|---|
| 八、准予扣除的捐赠额 | 29 | |
| 九、应纳税所得额（30=1-6-7-8-9-14-22-29） | 30 | |
| 十、税率（%） | 31 | |
| 十一、速算扣除数 | 32 | |
| 十二、应纳税额（33=30×31-32） | 33 | |
| 十三、减免税额 | 34 | |
| 十四、已缴税额 | 35 | |
| 十五、应补/退税额（36=33-34-35） | 36 | |
| 无住所个人附报信息 | | |
| 在华停留天数　　　　　　　　　　　已在华停留年数 | | |

谨声明：本表是根据国家税收法律法规及相关规定填报的，是真实的、可靠的、完整的。

纳税人签字：　　年　月　日

经办人签字：

经办人身份证件号码：

代理机构签章：

代理机构统一社会信用代码：

受理人：

受理税务机关（章）：

受理日期：　　年　月　日

国家税务总局监制

■　■　■　■　**任务实施**

**实践活动**

【活动目标】

通过实训，进一步掌握个人所得税的纳税申报。

【活动要求】

根据案例资料，填制扣缴个人所得税报告表。

【活动实施】

资料：见任务5.2"实践活动"的业务资料。

【活动指导】

1.完成本活动的基础是掌握个人所得税的各项计税收入及费用扣除标准，并能正确计算各项应纳税额。

2.根据扣缴个人所得税报告表的填报说明，准确地完成各栏目的填写。

# 项目小结

　　个人所得税的内容较多，计算比较烦琐，本项目的内容有认识个人所得税、掌握个人所得税的计算和学习个人所得税的缴纳。通过本项目的学习，应熟悉和掌握个人所得税的基本制度内容，做到熟练地判定纳税人发生的各种所得是否需要申报缴纳个人所得税以及缴纳多少、如何缴纳，尤其应学会纳税申报表的填制。

# 项目六　其他税费计算与智能申报

□ **知识目标**

1. 了解资源税、城镇土地使用税、房产税等其他税费的概念和特点。
2. 掌握其他税费的纳税人、征税范围、税率、应纳税额的计算方法。
3. 熟悉其他税费的征收管理及申报缴纳等规定。

□ **能力目标**

1. 能够区分其他税费的征收范围和征收目的。
2. 能够掌握其他税费应纳税额的计算方法。
3. 能够掌握其他税费的征收管理及申报纳税程序。

□ **素养目标**

1. 培养精益求精、一丝不苟的职业素养。
2. 培养敬畏法律、诚实守信的职业道德。
3. 培养环保意识、节约意识、保险意识和扶残助残意识。

## 任务6.1　资源税的计算与智能申报

■ ■ ■ ■ **任务描述**

资源税是国家为了调节资源级差收入、促进企业公平竞争和保护自然资源而征收的一种税。本任务主要学习资源税的概念、特征、纳税人、税目、税率等主要税收法律规定，学生应全面认识资源税，并在此基础上学习资源税的计算与缴纳。

【案例导入】

李娜接受了一项新任务——参与代理本市一家矿产企业的资源税申报工作。李娜了解到资源税是该企业经常缴纳的税种之一，她首先要对资源税的基本知识进行学习，了解资源税的概念、特点、纳税人、征税范围、税率等内容，掌握资源税的计税依据和应纳税额的计算方法，最后进行资源税的纳税申报工作。

■■ ■■■ 知识准备

## 一、资源税概述

### （一）资源税的概念

资源税是对在我国领域及管辖海域及管辖的其他海域开发应税资源的单位和个人，以其应税产品的销售额、销售数量或自用数量为计税依据而征收的一种税。

### （二）资源税的作用

（1）促进企业之间开展公平竞争。

（2）促进对自然资源的合理开发利用。

（3）为国家筹集财政资金。

## 二、资源税的主要法律规定

### （一）纳税人和扣缴义务人

在我国领域及管辖的其他海域开发应税资源的单位和个人，为资源税的纳税人。

### （二）征税范围

应税资源的征税范围包括能源矿产、金属矿产、非金属矿产、水气矿产和盐。对取用地表水或者地下水的单位和个人试点征收水资源税。

资源税的具体征税范围，依据资源税税目税率表（见表6-1）确定。

### （三）税目与税率

资源税的税目、税率，依照资源税税目税率表执行。

纳税人开采或者生产不同税目应税产品的，应当分别核算不同税目应税产品的销售额或销售数量；未分别核算或者不能准确提供不同税目应税产品的销售额或销售数量的，从高适用税率。

## 三、资源税的计算

### （一）计税依据

资源税按照资源税税目税率表实行从价计征或者从量计征，资源税的计税依据为应税产品的销售额或销售数量。

销售额是按照纳税人销售应税产品向购买方收取的全部价款确定的，不包括增值税税款。

纳税人申报的应税产品销售额明显偏低且无正当理由的，或者有自用应税产品行为而无销售额的，主管税务机关可以按下列方法和顺序确定其应税产品销售额：

（1）按纳税人最近时期同类产品的平均销售价格确定。

（2）按其他纳税人最近时期同类产品的平均销售价格确定。

（3）按后续加工非应税产品销售价格，减去后续加工环节的成本利润后确定。

（4）按应税产品组成计税价格确定。组成计税价格的计算公式为：

表6-1　　　　　　　　　　　　　　　资源税税目税率表

| 税　目 | | 征税对象 | 税　率 |
|---|---|---|---|
| 能源矿产 | 原油 | 原矿 | 6% |
| | 天然气、页岩气、天然气水合物 | 原矿 | 6% |
| | 煤 | 原矿或者选矿 | 2%~10% |
| | 煤成（层）气 | 原矿 | 1%~2% |
| | 铀、钍 | 原矿 | 4% |
| | 油页岩、油砂、天然沥青、石煤 | 原矿或者选矿 | 1%~4% |
| | 地热 | 原矿 | 1%~20% 或者每立方米1~30元 |
| 金属矿产 | 黑色金属　铁、锰、铬、钒、钛 | 原矿或者选矿 | 1%~9% |
| | 有色金属　铜、铅、锌、锡、镍、锑、镁、钴、铋、汞 | 原矿或者选矿 | 2%~10% |
| | 铝土矿 | 原矿或者选矿 | 2%~9% |
| | 钨 | 选矿 | 6.5% |
| | 钼 | 选矿 | 8% |
| | 金、银 | 原矿或者选矿 | 2%~6% |
| | 铂、钯、钌、锇、铱、铑 | 原矿或者选矿 | 5%~10% |
| | 轻稀土 | 选矿 | 7%~12% |
| | 中重稀土 | 选矿 | 20% |
| | 铍、锂、锆、锶、铷、铯、铌、钽、锗、镓、铟、铊、铪、铼、镉、硒、碲 | 原矿或者选矿 | 2%~10% |
| 非金属矿产 | 矿物类　高岭土 | 原矿或者选矿 | 1%~6% |
| | 石灰岩 | 原矿或者选矿 | 1%~6% 或者每吨（或者每立方米）1~10元 |
| | 磷 | 原矿或者选矿 | 3%~8% |
| | 石墨 | 原矿或者选矿 | 3%~12% |
| | 萤石、硫铁矿、自然硫 | 原矿或者选矿 | 1%~8% |

续表

| 税 目 | | | 征税对象 | 税 率 |
|---|---|---|---|---|
| 非金属矿产 | 矿物类 | 天然石英砂、脉石英、粉石英、水晶、工业用金刚石、冰洲石、蓝晶石、硅线石（砂线石）、长石、滑石、刚玉、菱镁矿、颜料矿物、天然碱、芒硝、钠硝石、明矾石、砷、硼、碘、溴、膨润土、硅藻土、陶瓷土、耐火粘土、铁矾土、凹凸棒石、海泡石、伊利石、累托石 | 原矿或者选矿 | 1%~12% |
| | | 叶蜡石、硅灰石、透辉石、珍珠岩、云母、沸石、重晶石、毒重石、方解石、蛭石、透闪石、工业用电气石、白垩、石棉、蓝石棉、红柱石、石榴子石、石膏 | 原矿或者选矿 | 2%~12% |
| | | 其他粘土（铸型用粘土、砖瓦用粘土、陶粒用粘土、水泥配料用粘土、水泥配料用红土、水泥配料用黄土、水泥配料用泥岩、保温材料用粘土） | 原矿或者选矿 | 1%~5%或者每吨（或者每立方米）0.1~5元 |
| | 岩石类 | 大理岩、花岗岩、白云岩、石英岩、砂岩、辉绿岩、安山岩、闪长岩、板岩、玄武岩、片麻岩、角闪岩、页岩、浮石、凝灰岩、黑曜岩、霞石正长岩、蛇纹岩、麦饭石、泥灰岩、含钾岩石、含钾砂页岩、天然油石、橄榄岩、松脂岩、粗面岩、辉长岩、辉石岩、正长岩、火山灰、火山渣、泥炭 | 原矿或者选矿 | 1%~10% |
| | | 砂石 | 原矿或者选矿 | 1%~5%或者每吨（或者每立方米）0.1~5元 |
| | 宝玉石类 | 宝石、玉石、宝石级金刚石、玛瑙、黄玉、碧玺 | 原矿或者选矿 | 4%~20% |
| 水气矿产 | 二氧化碳气、硫化氢气、氦气，氡气 | | 原矿 | 2%~5% |
| | 矿泉水 | | 原矿 | 1%~20%或者每立方米1~30元 |
| 盐 | 钠盐、钾盐、镁盐、锂盐 | | 选矿 | 3%~15% |
| | 天然卤水 | | 原矿 | 3%~15%或者每吨（或者每立方米）1~10元 |
| | 海盐 | | | 2%~5% |

组成计税价格＝成本×（1+成本利润率）÷（1-资源税税率）

销售数量包括纳税人开采或者生产应税产品的实际销售数量和自用于应当缴纳资源税情形的应税产品数量。

### （二）应纳税额的计算

资源税的应纳税额，按照从价定率或者从量定额的办法，分别以应税产品的销售额乘以纳税人具体适用的比例税率或以应税产品的销售数量乘以纳税人具体适用的定额税率计算。其计算公式为：

应纳税额=应税产品销售额×比例税率

应纳税额=应税产品销售数量×定额税率

【例6-1】广发油田2023年7月份销售原油30 000吨，开具增值税专用发票，发票上注明的销售额为20 000万元，税额为2 600万元，按资源税税目税率表的规定，其适用的资源税税率为6%。

要求：计算该油田7月份应缴纳的资源税。

【解析】应纳税额=20 000×6%= 1 200（万元）

纳税人开采或者生产应税产品自用的，应当缴纳资源税；自用于连续生产应税产品的，不缴纳资源税。

## 四、资源税的税收优惠

（1）开采原油以及在油田范围内运输原油过程中用于加热的原油、天然气。

（2）煤炭开采企业因安全生产需要抽采的煤成（层）气。

纳税人的减免税项目，应当单独核算销售额或销售数量；未单独核算或者不能准确提供销售额或销售数量的，不予免税或者减税。

小微企业"六税两费"减免政策，邀你扫描"线上小课堂6-1"二维码。

线上小课堂
6-1

小微企业"六税两费"减免政策

## 五、资源税的缴纳

### （一）纳税义务发生时间

纳税人销售应税产品的，纳税义务发生时间为收讫销售款或者取得索取销售款凭据的当天；自用应税产品的，纳税义务发生时间为移送应税产品的当天。

### （二）纳税期限

资源税按月或者按季申报缴纳；不能按固定期限计算缴纳的，可以按次申报缴纳。

纳税人按月或者按季申报缴纳的，应当自月度或者季度终了之日起15日内，向税务机关办理纳税申报并缴纳税款；按次申报缴纳的，应当自纳税义务发生之日起15日内，向税务机关办理纳税申报并缴纳税款。

### （三）纳税地点

纳税人应纳的资源税，应当向应税产品的开采、生产所在地的税务机关缴纳。

### （四）纳税申报

#### 1.合并申报

自2021年6月1日起，实行财产和行为税合并申报，即"简并申报表，一表报多税"。通过整合各税种申报表，实现多税种"一张报表、一次申报、一次缴款、一张凭证"。

纳税人申报缴纳城镇土地使用税、房产税、车船税、印花税、耕地占用税、资源税、土地增值税、契税、环境保护税、烟叶税中一个或多个税种时，使用财产和行为税纳税申报表。当纳税人新增税源或税源变化时，需先填报财产和行为税税源明细表。

纳税申报时，各税种统一采用财产和行为税纳税申报表。该申报表由一张主表和一张减免税附表组成，主表为纳税情况，附表为申报享受的各类减免税情况。纳税申报前，需先维护税源信息。税源信息没有变化的，确认无变化后直接进行纳税申报；税源信息有变化的，通过填报财产和行为税税源明细表进行数据更新维护，再进行纳税申报。

纳税人可以自由选择维护税源信息的时间，既可以在申报期之前，也可以在申报期内。为确保税源信息和纳税申报表逻辑一致，征管系统将根据各税种的税源信息自动生成新申报表，纳税人审核确认后即可完成申报。

财产和行为税纳税申报表，见表6-2，财产和行为税减免税明细申报附表，见表6-3。

表6-2            财产和行为税纳税申报表

纳税人识别号（统一社会信用代码）：□□□□□□□□□□□□□□□□□□

纳税人名称：                     金额单位：人民币元（列至角分）

| 序号 | 税种 | 税目 | 税款所属期起 | 税款所属期止 | 计税依据 | 税率 | 应纳税额 | 减免税额 | 已缴税额 | 应补（退）税额 |
|---|---|---|---|---|---|---|---|---|---|---|
| 1 | | | | | | | | | | |
| 2 | | | | | | | | | | |
| 3 | | | | | | | | | | |
| 4 | | | | | | | | | | |
| 5 | | | | | | | | | | |
| 6 | | | | | | | | | | |
| 7 | | | | | | | | | | |
| 8 | | | | | | | | | | |
| 9 | | | | | | | | | | |
| 10 | | | | | | | | | | |
| 11 | 合计 | — | — | — | — | | | | | |

声明：此表是根据国家税收法律法规及相关规定填写的，本人（单位）对填报内容（及附带资料）的真实性、可靠性、完整性负责。

纳税人（签章）：   年  月  日

| | |
|---|---|
| 经办人： | 受理人： |
| 经办人身份证号： | |
| 代理机构签章： | 受理税务机关（章）： |
| 代理机构统一社会信用代码： | 受理日期：   年  月  日 |

表6-3　　　　　　　　　　　　　**财产和行为税减免税明细申报附表**

纳税人识别号（统一社会信用代码）：□□□□□□□□□□□□□□□□□□

纳税人名称：　　　　　　　　　　　　　　　　　金额单位：人民币元（列至角分）

| 本期是否适用小微企业"六税两费"减免政策 | □是 □否 | 减免政策适用主体 | 增值税小规模纳税人：□是□否 |
| | | | 增值税一般纳税人：□个体工商户 □小型微利企业 |
| | | 适用减免政策起止时间 | 年　月至　年　月 |

| 合计减免税额 | |
| --- | --- |

| 城镇土地使用税 | | | | |
| --- | --- | --- | --- | --- |
| 序号 | 土地编号 | 税款所属期起 | 税款所属期止 | 减免性质代码和项目名称 | 减免税额 |
| 1 | | | | | |
| 2 | | | | | |
| 小计 | — | | | — | |

| 房产税 | | | | |
| --- | --- | --- | --- | --- |
| 序号 | 房产编号 | 税款所属期起 | 税款所属期止 | 减免性质代码和项目名称 | 减免税额 |
| 1 | | | | | |
| 2 | | | | | |
| 小计 | — | | | — | |

| 车船税 | | | | |
| --- | --- | --- | --- | --- |
| 序号 | 车辆识别代码/船舶识别码 | 税款所属期起 | 税款所属期止 | 减免性质代码和项目名称 | 减免税额 |
| 1 | | | | | |
| 2 | | | | | |
| 小计 | — | | | — | |

| 印花税 | | | | |
| --- | --- | --- | --- | --- |
| 序号 | 税目 | 税款所属期起 | 税款所属期止 | 减免性质代码和项目名称 | 减免税额 |
| 1 | | | | | |
| 2 | | | | | |
| 小计 | — | | | — | |

| 资源税 |
| --- |

续表

| 序号 | 税目 | 子目 | 税款所属期起 | 税款所属期止 | 减免性质代码和项目名称 | 减免税额 |
|---|---|---|---|---|---|---|
| 1 | | | | | | |
| 2 | | | | | | |
| 小计 | — | — | | | — | |

耕地占用税

| 序号 | 税源编号 | 税款所属期起 | 税款所属期止 | 减免性质代码和项目名称 | 减免税额 |
|---|---|---|---|---|---|
| 1 | | | | | |
| 2 | | | | | |
| 小计 | — | | | — | |

契税

| 序号 | 税源编号 | 税款所属期起 | 税款所属期止 | 减免性质代码和项目名称 | 减免税额 |
|---|---|---|---|---|---|
| 1 | | | | | |
| 2 | | | | | |
| 小计 | — | | | — | |

土地增值税

| 序号 | 项目编号 | 税款所属期起 | 税款所属期止 | 减免性质代码和项目名称 | 减免税额 |
|---|---|---|---|---|---|
| 1 | | | | | |
| 2 | | | | | |
| 小计 | — | | | — | |

环境保护税

| 序号 | 税源编号 | 污染物类别 | 污染物名称 | 税款所属期起 | 税款所属期止 | 减免性质代码和项目名称 | 减免税额 |
|---|---|---|---|---|---|---|---|
| 1 | | | | | | | |
| 2 | | | | | | | |
| 小计 | — | — | — | | | — | |

声明：此表是根据国家税收法律法规及相关规定填写的，本人（单位）对填报内容（及附带资料）的真实性、可靠性、完整性负责。

纳税人（签章）： 年 月 日

| 经办人：<br>经办人身份证号：<br>代理机构签章：<br>代理机构统一社会信用代码： | 受理人：<br><br>受理税务机关（章）：<br><br>受理日期： 年 月 日 |
|---|---|

## 2.智能申报

首先采集税源信息，再进行多税种的合并智能申报。先进行税源信息采集，点击"财产和行为税合并纳税申报"界面的"税源采集"进入对应税种的税源信息采集。税源信息采集完毕后，回到"财产和行为税合并纳税申报"界面，勾选需要申报的税种，点击"下一步"按钮，进入申报信息确认界面，确认申报信息无误后，点击"申报"按钮，完成申报。

■　■　■　■　■　**任务实施**

### 实践活动1

【活动目标】

通过练习，进一步熟悉资源税的概念和主要法律规定。

【活动要求】

下列选择题中有四个选项，请根据资源税的基本知识，选择出一个或多个正确选项。

【活动实施】

1.根据资源税的有关规定，下列资源不应征收资源税的是（　　）。

A.海盐　　　　　　　B.天然原油　　　　　C.铁矿原矿　　　　　D.人造石油

2.下列情况应当征收资源税的有（　　）。

A.个体煤矿开采的原煤　　　　　　　B.外商投资企业生产的海盐

C.国有企业开采的铜矿　　　　　　　D.贸易公司进口的原油

【活动指导】

1.本题考查的是资源税的征税范围。征收资源税的原油，是指开采的天然原油，不包括人造石油。答案为D。

2.本题考查的是资源税的纳税环节。进口原油不是资源税的纳税环节。答案为ABC。

### 实践活动2

【活动目标】

通过社会实践，进一步熟悉资源税的主要法律规定。

【活动要求】

请同学们根据当地的实际情况，利用课余时间走访资源税纳税人，了解该纳税人的税目、税率、纳税期限等，填写关于资源税的调查表（见表6-4），并将理论与实践调研相结合，编写一份资源税调查报告。

【活动实施】

表6-4　　　　　　　　　　　　　关于资源税的调查表

| 调查项目 | 调查内容 | 备注 |
|---|---|---|
| 纳税人 | | |
| 征税范围 | | |
| 税目 | | |
| 税率 | | |
| 计算办法 | | |
| 纳税期限 | | |

【活动指导】

1.建议有针对性地设计调研重点，采用科学的调研方法，如采用问卷调查法，可提前准备调查问卷，以提高调研效率。

2.调查报告中应将理论与实际相结合。

## 任务6.2 城镇土地使用税的计算与智能申报

### ■ ■ ■ 任务描述

国家征收城镇土地使用税的目的在于促进合理、节约使用土地，提高土地使用效率。本任务主要学习城镇土地使用税的概念、特征、纳税人、税目、税率等主要税收法律规定，学生应全面认识城镇土地使用税，为掌握其计算与缴纳做好理论知识的准备。

【案例导入】

李娜在全面学习了资源税的计算与缴纳之后，代理记账公司又让她参与代理本市一家商贸公司的城镇土地使用税的纳税申报工作。李娜非常高兴有机会学习新的知识，于是她决定从城镇土地使用税的基本知识开始学习，了解城镇土地使用税的概念、特点、纳税人、征收范围、税率等相关内容，从而学会计算城镇土地使用税的应纳税额，完成城镇土地使用税的纳税申报业务。

### ■ ■ ■ 知识准备

#### 一、城镇土地使用税的概念

城镇土地使用税是以征收范围内的土地为征税对象，以实际占用土地面积为计税依据，按规定税额对拥有土地使用权的单位和个人征收的一种税。

【知识链接】

城镇土地使用税的主要作用：

1.征收城镇土地使用税有利于促进土地的合理使用。

2.征收城镇土地使用税可以调节土地级差收入。

3.征收城镇土地使用税是地方财政收入的一项稳定来源。

#### 二、城镇土地使用税的主要法律规定

##### （一）纳税人

凡在城市、县城、建制镇、工矿区范围内使用土地的单位和个人，为城镇土地使用税的纳税人，具体包括：

（1）拥有土地使用权的单位和个人为城镇土地使用税的纳税人。

（2）拥有土地使用权的单位和个人不在土地所在地的，其土地的实际使用人和代管人为纳税人。

（3）土地使用权未确定或权属纠纷未解决的，其实际使用人为纳税人。

（4）土地使用权共有的，共有各方都是纳税人，由共有各方分别纳税。

## （二）征税范围

城镇土地使用税的征税范围为城市、县城、建制镇和工矿区内的国家所有和集体所有的土地。

城市是指经国务院批准设立的市，其征税范围包括市区和郊区。县城是指县人民政府所在地，其征税范围为县人民政府所在地的城镇。建制镇是指经省、自治区、直辖市人民政府批准设立的、符合国务院规定的镇建制标准的镇，其征税范围一般为镇人民政府所在地。工矿区是指工商业比较发达、人口比较集中的大中型工矿企业所在地，工矿区的设立必须经省、自治区、直辖市人民政府批准。

## （三）税率

城镇土地使用税采用定额税率，即采用有幅度的差别税额，按大、中、小城市和县城、建制镇、工矿区分别规定每平方米城镇土地使用税年应纳税额，具体标准如下：

（1）大城市每平方米年税额为1.5元至30元。

（2）中等城市每平方米年税额为1.2元至24元。

（3）小城市每平方米年税额为0.9元至18元。

（4）县城、建制镇、工矿区每平方米年税额为0.6元至12元。

大、中、小城市以公安部门登记在册的非农业正式户口人数为依据，按照国务院颁发的《城市规划条例》中规定的标准划分。人口数量在50万人以上的为大城市；在20万人至50万人之间的为中等城市；在20万人以下的为小城市。城镇土地使用税税率表，见表6-5。

表6-5  城镇土地使用税税率表

| 级别 | 人口数量（人） | 每平方米年税额（元） |
|---|---|---|
| 大城市 | 50万以上 | 1.5~30 |
| 中等城市 | 20万~50万 | 1.2~24 |
| 小城市 | 20万以下 | 0.9~18 |
| 县城、建制镇、工矿区 | — | 0.6~12 |

## 三、城镇土地使用税的计算

### （一）计税依据

城镇土地使用税以纳税人实际占用的土地面积（平方米）为计税依据。

纳税人实际占用的土地面积按下列办法确定：

（1）由省、自治区、直辖市人民政府确定的单位组织测定土地面积的，以测定的面积为准。

（2）尚未组织测量，但纳税人持有政府部门核发的土地使用证书的，以证书确认的土地面积为准。

（3）尚未核发土地使用证书的，应由纳税人据实申报土地面积，据以纳税，待核发土地使用证以后再做调整。

## （二）应纳税额的计算

城镇土地使用税的应纳税额依据纳税人实际占用的土地面积和适用单位税额计算。

$$年应纳税额=实际占用应税土地面积（平方米）×适用税额$$

【例6-2】山海市的一家企业使用土地面积为2 000平方米，经税务机关核定，该土地为应税土地，每平方米年税额为6元。

要求：计算该企业全年应缴纳的城镇土地使用税。

【解析】应纳税额=2 000×6=12 000（元）

## 四、城镇土地使用税的税收优惠

根据相关规定，免税项目包括：

（1）国家机关、人民团体、军队自用的土地。

（2）由国家财政部门拨付事业经费的单位自用的土地。

（3）宗教寺庙、公园、名胜古迹自用的土地。

（4）市政街道、广场、绿化地带等公共用地。

（5）直接用于农、林、牧、渔业的生产用地。

## 五、城镇土地使用税的缴纳

### （一）纳税义务发生时间

（1）购置新建商品房，自房屋交付使用之次月起计征城镇土地使用税。

（2）购置存量房，自办理房屋权属转移、变更登记手续，房地产权属登记机关签发房屋权属证书的次月起计征城镇土地使用税。

（3）出租、出借房产，自交付出租、出借房产的次月起计征城镇土地使用税。

（4）以出让或转让方式有偿取得土地使用权的，应由受让方从合同约定交付土地时间的次月起缴纳城镇土地使用税；合同未约定交付土地时间的，由受让方从合同签订的次月起缴纳城镇土地使用税。

（5）纳税人新征用的耕地，自批准征用之日起满1年时开始缴纳城镇土地使用税。

（6）纳税人新征用的非耕地，自批准征用次月起缴纳城镇土地使用税。

### （二）纳税期限

城镇土地使用税按年计算，分期缴纳。缴纳期限由省、自治区、直辖市人民政府确定。各省、自治区、直辖市税务机关结合当地情况，一般分别确定按月、季、半年或1年等不同的期限缴纳。

### （三）纳税地点

城镇土地使用税的纳税地为土地所在地，由土地所在地的税务机关负责征收。纳税人使用的土地不属于同一省（自治区、直辖市）管辖范围内的，由纳税人分别向土地所在地的税务机关申报缴纳。在同一省（自治区、直辖市）管辖范围内，纳税人跨地区的土地，由各省、自治区、直辖市的主管税务机关确定纳税地点。

### (四) 纳税申报

为便利纳税人办理纳税申报, 自2021年6月1日起, 实行财产和行为税合并申报。财产和行为税纳税申报表、财产和行为税减免税明细申报附表见表6-2、表6-3。

城镇土地使用税的智能申报, 见资源税。

■■■■ **任务实施**

### 实践活动1

【活动目标】

通过练习, 进一步熟悉城镇土地使用税的概念和主要法律规定。

【活动要求】

下列选择题中有四个选项, 请根据城镇土地使用税的基本知识, 选择出一个或多个正确选项。

【活动实施】

1. 新征用耕地应缴纳的城镇土地使用税, 其纳税义务发生时间是 (　　　)。

A. 自批准征用之日起满3个月

B. 自批准征用之日起满6个月

C. 自批准征用之日起满1年

D. 自批准征用之日起满2年

2. 下列免征城镇土地使用税的有 (　　　)。

A. 宗教寺庙出租的土地　　　　　　　B. 军队自用土地

C. 学校出租房屋　　　　　　　　　　D. 某商场占用土地

3. 城镇土地使用税的纳税人有 (　　　)。

A. 土地的实际使用人　　　　　　　　B. 土地的代管人

C. 拥有土地使用权的单位和个人　　　D. 土地使用权共有的各方

【活动指导】

1. 本题考查的是纳税义务的发生时间, 纳税人新征用的耕地, 自批准征用之日起满1年时开始缴纳城镇土地使用税。答案为C。

2. 本题考查的是城镇土地使用税的减免,《中华人民共和国城镇土地使用税暂行条例》规定国家机关、人民团体、军队自用的土地可免税。答案为B。

3. 本题考查的是城镇土地使用税的纳税人, 题中4个选项都属于其纳税人。答案为ABCD。

### 实践活动2

【活动目标】

通过社会实践进一步熟悉城镇土地使用税的概念和主要法律规定。

【活动要求】

小组成员合作走访一家房屋中介公司, 向其了解在购置新建商品房, 以及出租、出借房产的过程中如何计算与缴纳城镇土地使用税。

【活动实施】

根据走访调研，小组成员以PPT的形式展示调研成果。

【活动指导】

建议小组成员提前合理分工，设计好调研的任务，根据任务有针对性地进行调研，并将其汇总形成最终的调研成果。

# 任务6.3 耕地占用税的计算与智能申报

## ■ ■ ■ 任务描述

本任务主要学习耕地占用税的概念、特征、纳税人、税目、税率等主要税收法律规定，学生应全面认识耕地占用税，并在此基础上学习耕地占用税的计算与缴纳。

### 【案例导入】

李娜继续在诚信代理记账公司进行毕业前的实习工作。她代理记账的一家木业公司，正准备扩大公司厂房规模，需占用一片耕地，这必然涉及耕地占用税。为此，李娜刻苦学习，了解并掌握了耕地占用税的概念、税率、应纳税额的计算和纳税申报工作。

## ■ ■ ■ 知识准备

## 一、耕地占用税概述

### （一）耕地占用税的概念

耕地占用税是国家对占用耕地建设建筑物、构筑物或者从事非农业建设的单位和个人，就其实际占用的耕地面积征收的一种税。

### （二）耕地占用税的特征

我国现行耕地占用税有以下特征：

#### 1.具有特定的征税对象

耕地占用税以建设建筑物、构筑物或者从事非农业建设占用耕地为征税对象。对占用耕地建设农田水利设施的，不征收耕地占用税；对占用非耕地建房或从事非农业建设的，也不征收耕地占用税。

#### 2.实行地区差别比例税率

适应不同地区纳税人的承受能力，体现人口多、经济发达地区占用耕地从严控制的合理负担原则。

#### 3.实行一次课征制

耕地占用税实行一次课征制，纳税人完税以后，在使用、转让和继承过程中不再缴纳耕地占用税。

## 二、耕地占用税的主要法律规定

### （一）纳税人

占用耕地建设建筑物、构筑物或者从事其他非农业建设的单位和个人，为耕地占用税的纳税人。

### （二）征税对象

耕地占用税的征税对象为纳税人建设建筑物、构筑物或从事其他非农业建设而占用的国家所有和集体所有的耕地。

耕地，是指用于种植农作物的土地。占用林地、牧草地、农田水利用地、养殖水面以及渔业水域滩涂等其他农用地建房或者从事非农业建设的，比照本条例的规定征收耕地占用税。因建设直接为农业生产服务的生产设施而占用前款规定的农用地的，不征收耕地占用税。

纳税人因建设项目施工或者地质勘查临时占用耕地，应当依照规定缴纳耕地占用税。纳税人在批准临时占用耕地期满之日起1年内依法复垦，恢复种植条件的，全额退还已缴纳的耕地占用税。

占用园地、林地、草地、农田水利用地、养殖水面、渔业水域滩涂以及其他农用地建设建筑物、构筑物或者从事非农业建设的，依照规定缴纳耕地占用税。对占用农用地建设直接为农业生产服务的生产设施的，不征收耕地占用税。

### （三）税率

耕地占用税实行有幅度的定额税率，以县级行政区域为单位分设4个档次的税额，具体规定为：

（1）人均耕地不超过1亩的地区，每平方米为10元至50元。

（2）人均耕地超过1亩但不超过2亩的地区，每平方米为8元至40元。

（3）人均耕地超过2亩但不超过3亩的地区，每平方米为6元至30元。

（4）人均耕地超过3亩的地区，每平方米为5元至25元。

耕地占用税的适用税额由各省、自治区、直辖市人民政府根据人均耕地面积和经济发展等情况，在规定的税额幅度内提出，报同级人民代表大会常务委员会决定，并报全国人民代表大会常务委员会和国务院备案。各省、自治区、直辖市耕地占用税适用税额的平均水平，不得低于耕地占用税平均税额表规定的平均税额。

在人均耕地低于0.5亩的地区，各省、自治区、直辖市人民政府可以根据当地经济发展情况，适当提高耕地占用税的适用税额，但提高的部分不得超过上述第2档确定的适用税额的50%。

占用基本农田的，应当按照上述条款或者前述第2档确定的当地适用税额，加按150%征收。

财政部和国家税务总局就耕地占用税的平均税额制定了相应标准。各省、自治区、直辖市耕地占用税平均税额为：上海45元/平方米；北京40元/平方米；天津35元/平方米；江苏、浙江、福建、广东均30元/平方米；辽宁、湖北、湖南均25元/平方米；河北、安徽、江西、山东、河南、四川、重庆均22.5元/平方米；广西、海南、贵州、云南、陕西均20元/平方米；山西、吉林、黑龙江均17.5元/平方米；内蒙古、西藏、甘肃、青海、宁夏、新疆均12.5元/平方米。

### 三、耕地占用税的计算

耕地占用税以纳税人用于建设建筑物、构筑物或者从事非农业建设实际占用的耕地面积为计税依据。

耕地占用税应纳税额计算公式为：

$$应纳税额=应税土地面积×单位税额$$

【例6-3】某县城关镇2023年7月份发生以下占用耕地的事项：县化工厂经批准扩建，占用耕地12亩；某部驻军新建营房占用耕地10亩；拓宽公路占用耕地15亩；批准30户农户新建住宅，占用耕地9亩。该镇耕地占用税的适用税额为18元/平方米，公路用地税额为2元/平方米，一亩耕地折666.67平方米。

要求：计算各纳税人应缴纳的耕地占用税。

【解析】（1）军事设施占用耕地免税。

（2）县化工厂：应纳税额=12×666.67×18=144 000.72（元）

（3）公路部门：应纳税额=15×666.67×2=20 000.10（元）

（4）30户农户新建住宅：应纳税额=9×666.67×（18÷2）=54 000.27（元）

### 四、耕地占用税的税收优惠

#### （一）下列情形免征耕地占用税

（1）军事设施占用耕地。

（2）学校、幼儿园、养老院、医院占用耕地。

#### （二）下列情形免征或减征耕地占用税

（1）铁路线路、公路线路、飞机场跑道、停机坪、港口、航道占用耕地，减按每平方米2元的税额征收耕地占用税。根据实际需要，国务院财政、税务主管部门商国务院有关部门并报国务院批准后，可以对其免征或减征耕地占用税。

（2）农村居民占用耕地新建住宅，按照当地适用税额减半征收耕地占用税。其中，农村居民经批准搬迁，新建自用住宅占用耕地不超过原宅基地面积的部分，免征耕地占用税。

农村烈士遗属、因公牺牲军人遗属、残疾军人以及符合农村最低生活保障条件的农村居民，在规定用地标准以内新建自用住宅，免征耕地占用税。

规定免征或减征耕地占用税后，纳税人改变原占地用途，不再属于免征或减征耕地占用税情形的，应当按照当地适用税额补缴耕地占用税。

纳税人临时占用耕地，应当按规定缴纳耕地占用税。纳税人在批准临时占用耕地的期限内恢复所占用耕地原状的，全额退还已经缴纳的耕地占用税。

### 五、耕地占用税的缴纳

#### （一）纳税义务发生时间

耕地占用税的纳税义务发生时间为纳税人收到自然资源主管部门办理占用耕地手续

的书面通知的当日。

**（二）纳税期限**

耕地占用税由税务机关负责征收，纳税人应当自纳税义务发生之日起30日内申报缴纳耕地占用税。

纳税人的占地类型、占地面积和占地时间等纳税申报数据材料以自然资源等相关部门提供的相关材料为准；未提供相关材料或者材料信息不完整的，经主管税务机关提出申请，由自然资源等相关部门自收到申请之日起30日内出具认定意见。

**（三）纳税申报**

为便利纳税人办理纳税申报，自2021年6月1日起，实行财产和行为税合并申报。财产和行为税纳税申报表、财产和行为税减免税明细申报附表见表6-2、表6-3。

耕地占用税的智能申报，见资源税。

【例6-4】亿隆肉联厂地处山东省海滨县城关路，2023年7月份经批准扩建，占用耕地12亩。山东省规定耕地占用税的适用税额为22.5元/平方米（一亩折合666.67平方米）。

要求：计算该厂应缴纳的耕地占用税。

【解析】应纳税额=12×666.67×22.5=180 000.90（元）

■　■　■　■　**任务实施**

**实践活动**

【活动目标】

通过练习，进一步熟悉耕地占用税的主要法律规定。

【活动要求】

请判断下列表述是否正确，正确的划"√"，错误的划"×"。

【活动实施】

凡是占用耕地的单位和个人都是耕地占用税的纳税人。（　　　）

【活动指导】

本题考查的是耕地占用税的纳税人。占用耕地建设建筑物、构筑物或者从事非农业建设的单位和个人，为耕地占用税的纳税人。因此，该题表述错误。

# 任务6.4　土地增值税的计算与智能申报

■　■　■　■　**任务描述**

本任务主要学习土地增值税的概念、特征、纳税人、税目、税率等主要税收法律规定，学生应全面认识土地增值税，并在此基础上学习土地增值税的计算与缴纳。

**【案例导入】**

李娜继续在诚信代理记账公司进行毕业前的实习工作。她代理记账的一家房地产开发公司，涉及土地增值税业务。为此，李娜刻苦学习，了解并掌握了土地增值税的概念、税率、应纳税额的计算和纳税申报工作。

■■■■ **知识准备**

## 一、土地增值税概述

### （一）土地增值税的概念

土地增值税是国家对有偿转让国有土地使用权、地上建筑物及其附着物的单位和个人，就其转让房地产所取得的增值额征收的一种税。

### （二）土地增值税的特征

（1）土地增值税是以纳税人有偿转让房地产取得的增值额为征收对象，有利于维护国家权益、增加财政收入。

（2）土地增值税采用超率累进税率，能够合理调节土地增值收益。

（3）土地增值税是以房地产产权变更环节为纳税环节，有利于规范房地产市场的交易秩序。

## 二、土地增值税的主要法律规定

### （一）纳税人

土地增值税的纳税人是转让国有土地使用权及地上一切建筑物和其他附着物产权，并取得收入的单位和个人。

### （二）征税范围

土地增值税的征税对象是有偿转让国有土地使用权及地上建筑物和其他附着物产权所取得的增值额。

#### 1.征税范围的一般规定

（1）土地增值税只对转让国有土地使用权的行为征税，对转让非国有土地和出让国有土地的行为均不征税。

（2）土地增值税既对转让土地使用权征税，也对转让地上建筑物和其他附着物的产权征税。土地增值额是纳税人转让房地产所取得的全部增值额，而非仅仅是土地使用权转让的收入。

（3）土地增值税只对有偿转让的房地产征税，对以继承、赠与等方式无偿转让的房地产，则不予征税。

#### 2.征税范围的具体规定

（1）以房地产进行投资、联营。对于以房地产进行投资、联营的，如果投资、联营的一方以土地（房地产）作价入股进行投资或作为联营条件的，暂免征收土地增值税。但是，投资、联营企业若将上述房地产再转让的，属于征收土地增值税的范围。

（2）合作建房。对于一方出地，一方出资金，双方合作建房，建成后分房自用的，暂免征收土地增值税。但是，如果建成后转让的，属于征收土地增值税的范围。

（3）交换房地产。交换房地产行为既发生了房地产产权、土地使用权的转移，交换双方又取得了实物形态的收入，按照规定属于征收土地增值税的范围。但对个人之间互换自有居住用房地产的，经当地税务机关核实，可以免征土地增值税。

（4）房地产抵押。房地产在抵押期间不征收土地增值税。待抵押期满后，视该房地产是否转移产权来确定是否征收土地增值税。对因房地产抵债而发生房地产产权转让的，属于征收土地增值税的范围。

（5）房地产出租。出租人取得了收入，但没有发生房地产产权的转让，不属于征收土地增值税的范围。

### （三）税率

土地增值税税率设计的基本原则是增值多的多征、增值少的少征、无增值的不征。按照这个原则，土地增值税采用四级超率累进税率。土地增值税超率累进税率表，见表6-6。

表6-6　　　　　　　　　　土地增值税超率累进税率表

| 级数 | 增值额与扣除项目金额的比率 | 税率（%） | 速算扣除系数（%） |
|------|--------------------------|-----------|------------------|
| 1 | 不超过50%的 | 30 | 0 |
| 2 | 超过50%～100%的部分 | 40 | 5 |
| 3 | 超过100%～200%的部分 | 50 | 15 |
| 4 | 超过200%的部分 | 60 | 35 |

## 三、土地增值税的计算

### （一）计税依据

土地增值税以纳税人转让房地产所取得的增值额为计税依据。增值额为纳税人转让房地产所取得的收入减除规定的扣除项目金额后的余额。

#### 1.收入的确定

转让房地产所取得的收入，包括货币收入、实物收入和其他收入，不包括增值税。纳税人发生下列情况的，按房地产评估价格计算纳税：

（1）隐瞒、虚报房地产成交价格的。

（2）转让房地产的成交价格低于评估价格的。

（3）未提供扣除项目金额或提供不实的。

#### 2.扣除项目金额

（1）取得土地使用权所支付的金额，即纳税人为取得土地使用权所支付的土地价款和按国家统一规定缴纳的有关费用。

（2）开发土地和新建房及配套设施的成本，即房地产开发的成本，是指纳税人的房地产开发项目实际发生的成本，包括土地征用及拆迁补偿费、前期工程费、建筑安装工程费、基础设施费、公共配套设施费、开发间接费等。

（3）开发土地和新建房及配套设施的费用，即房地产开发费用，是指与房地产开发项目有关的销售费用、管理费用和财务费用。财务费用中的利息支出，凡能够按转让房地产项目计算分摊并提供金融机构证明的，允许据实扣除，但最高不能超过按商业银行同类同期贷款利率计算的金额。其他房地产开发费用按取得土地使用权所支付的金额和房地产开发成本金额之和的5%以内计算扣除。凡不能按转让房地产项目计算分摊或不能提供金融机构证明的，房地产开发费用按取得土地使用权所支付的金额和房地产开发成本金额之和的10%以内计算扣除。

（4）旧房及建筑物的评估价格，是指在转让已使用的房屋及建筑物时，由政府批准设立的房地产评估机构评定的重置成本价乘以成新度折扣率后的价格。

（5）与房地产转让有关的税金，是指在转让房地产时缴纳的城市维护建设税、印花税。因转让房地产缴纳的教育费附加，也可视同税金予以扣除。

（6）财政部规定的其他扣除项目。对从事房地产开发的纳税人，可按取得土地使用权所支付的金额与土地和新建房及配套设施的成本之和，加计20%扣除。

### （二）应纳税额的计算

土地增值税以转让房地产的增值额为计税依据，按超率累进税率计算应纳税额。

计算的基本原理和方法是：首先，以出售房地产的总收入额减除扣除项目金额，求得增值额；其次，确定土地增值率，即增值额与扣除项目金额的比值；再次，根据土地增值率的高低确定适用税率；最后，用增值额乘以适用税率求得应纳税额。

以下就转让房地产的不同情况，分别介绍应纳税额的计算方法。

#### 1.转让土地使用权和出售新建房及配套设施应纳税额的计算方法

（1）计算增值额。

$$增值额=出售房地产的总收入额-扣除项目金额$$

（2）计算增值率。

$$增值率=增值额\div扣除项目金额\times100\%$$

（3）税率的确定及应纳税额的计算。

根据增值率，查税率表确定适用税率，依据适用税率计算应纳税额。

$$应纳税额=增值额\times适用税率-扣除项目金额\times速算扣除系数$$

【例6-5】某房地产开发公司2023年7月份出售一幢写字楼，收入总额为20 000万元（不含增值税）。开发该写字楼有关支出如下：支付地价款及各种费用1 800万元；房地产开发成本6 200万元；财务费用中的利息支出1 000万元（可按转让项目计算分摊，并提供金融机构证明）；转让环节缴纳的有关城市维护建设税及教育费附加共计1 110万元。该公司所在地政府规定的其他房地产开发费用速算扣除系数为5%。

要求：计算该房地产开发公司应缴纳的土地增值税。

【解析】（1）取得土地使用权支付的地价款及各种费用为1 800万元。

（2）房地产开发成本为6 200万元。

（3）房地产开发费用=1 000+（1 800+6 200）×5%=1 400（万元）

（4）允许扣除的税费为1 110万元。

（5）从事房地产开发的纳税人加计扣除20%。

加计扣除额=（1 800+6 200）×20%=1 600（万元）

（6）允许扣除项目金额的合计=1 800+6 200+1 400+1 110+1 600=12 110（万元）

（7）增值额=20 000−12 110=7 890（万元）

（8）增值率=7 890÷12 110×100%=65.15%

（9）应纳税额=7 890×40%−12 110×5%=3 156−605.5=2 550.50（万元）

**2.出售旧房应纳税额的计算方法**

（1）计算评估价格。

$$评估价格=重置成本价×成新度折扣率$$

（2）汇集扣除项目金额。

（3）计算增值率。

（4）依据增值率确定适用税率。

（5）依据适用税率计算应纳税额。

$$应纳税额=增值额×适用税率−扣除项目金额×速算扣除系数$$

## 四、土地增值税的税收优惠

根据《中华人民共和国土地增值税暂行条例》的规定，有下列情形之一的免征土地增值税：

（1）纳税人建造普通标准住宅出售，增值额未超过扣除项目金额20%的。

（2）因国家建设需要依法征用、收回的房地产。

（3）个人因工作调动或改善居住条件而转让原自用住房的。

（4）对个人销售住房暂免征收土地增值税。

## 五、土地增值税的缴纳

### （一）纳税义务发生时间

纳税人应于转让房地产合同签订之日起7日内到房地产所在地税务机关办理纳税申报，并在税务机关核定的期限内缴纳税款。

### （二）纳税地点

土地增值税由土地所在地的税务机关负责征收。跨两个或两个以上地区的土地，凡独立核算单位在土地所在地的，在独立核算单位所在地缴纳；凡独立核算单位不在土地所在地的，由上级税务机关根据具体情况确定。

纳税人按规定办理纳税手续后，持纳税凭证到房产、土地管理部门办理产权变更手续。房地产管理部门应当向当地税务机关提供有关房屋及建筑物产权、土地使用权、房地产评估价格、土地出让金数额及产权变更等方面的资料，并协助税务机关做好土地增值税的征管工作。

### （三）纳税申报

为便利纳税人办理纳税申报，自2021年6月1日起，实行财产和行为税合并申报。财产和行为税纳税申报表、财产和行为税减免税明细申报附表见表6-2、表6-3。

土地增值税的智能申报，见资源税。

【例6-6】临海市万福房地产开发公司2023年7月份出售一幢写字楼，收入总额为20 000万元（不含增值税），开发该写字楼有关支出如下：支付地价款及各种费用1 800万元；房地产开发成本为6 200万元（土地征用及拆迁补偿费500万元、前期工程费600万元、建筑安装工程费2 700万元、基础设施费700万元、公共配套设施费800万元、开发间接费用900万元）；财务费用中的利息支出为1 000万元（可按转让项目计算分摊，并提供金融机构证明）；转让环节缴纳的有关城市维护建设税及教育费附加共计1 100万元。该公司所在地政府规定的其他房地产开发费用速算扣除系数为5%。该公司已预缴土地增值税1 000万元。

要求：计算该公司应缴纳的土地增值税并填报纳税申报表（见表6-2）。

【解析】（1）取得土地使用权支付的地价款及各种费用为1 800万元。

（2）房地产开发成本为6 200万元。

（3）房地产开发费用=1 000+（1 800+6 200）×5%=1 400（万元）

（4）允许扣除的税费为1 100万元。

（5）从事房地产开发的纳税人加计扣除20%。

加计扣除额=（1 800+6 200）×20%=1 600（万元）

允许扣除项目金额的合计=1 800+6 200+1 400+1 100+1 600=12 100（万元）

（6）增值额=20 000-12 100=7 900（万元）

（7）增值率=7 900÷12 100×100%=65.29%

（8）应纳税额=7 900×40%-12 100×5%=3 160-605=2 555（万元）

（9）应补土地增值税税额=2 555-1 000=1 555（万元）

## ■■■■ 任务实施

### 实践活动

【活动目标】

通过练习，进一步熟悉土地增值税的主要法律规定。

【活动要求】

下列选择题中有四个选项，请根据土地增值税的主要法律规定，选择出一个或多个正确选项。

【活动实施】

房地产企业在计算土地增值税时，不得扣除的税金有（　　）。

A.增值税　　　　　　　　　　　　B.城市维护建设税

C.教育费附加　　　　　　　　　　D.印花税

【活动指导】

本题考查的是在计算土地增值税时，不允许扣除的税金。因增值税属于价外税，不得扣除。答案为A。

# 任务6.5 房产税的计算与智能申报

## ■■■ 任务描述

　　房产税是我国现行财产税之一，对促进收入和财产的合理分配、缩小贫富差距发挥着重要作用。本任务中学生应通过学习房产税的概念、特征、纳税人、税目、税率等主要税收法律规定全面认识房产税，为掌握房产税的计算与缴纳做好理论知识的准备。

### 【案例导入】

　　李娜出色地完成了城镇土地使用税的计算与缴纳，她又要挑战新的工作任务——参与代理本市一家物流公司的房产税的纳税申报工作。她首先需要对房产税的基本知识进行学习，了解房产税的概念、纳税人、征税范围、税率以及减免税等内容，掌握房产税的计税依据和应纳税额的计算方法，并了解房产税的纳税申报。

## ■■■ 知识准备

### 一、房产税的概念

　　房产税是以房屋为征税对象，按照房屋的计税余值或租金收入，向产权所有人征收的一种财产税。

### 二、房产税的主要法律规定

#### （一）纳税人

　　房产税的纳税人是在我国城市、县城、建制镇和工矿区内拥有房屋产权的单位和个人，具体包括产权所有人、承典人、房产代管人或使用义务人。

　　（1）产权属于国家所有的，由经营管理单位纳税；产权属集体和个人所有的，由集体单位和个人纳税。

　　（2）产权出典的，由承典人纳税。所谓产权出典，是指产权所有人将房屋、生产资料等的产权在一定期限内典当给他人使用而取得资金的一种融资业务。

　　（3）产权所有人、承典人不在房屋所在地的，或者产权未确定及租典纠纷未解决的，由房产代管人或者使用人纳税。

　　（4）纳税单位和个人无租使用房产管理部门、免税单位及纳税单位房产的，应由使用人代为缴纳房产税。

#### （二）征税范围

　　房产税以房产为征税对象。所谓房产，是指有房屋和围护结构（有墙或两边有柱），能够遮风挡雨，可供人们在其中生产、学习、工作、娱乐、居住或储藏物资的场所。房地产开发企业建造的商品房，在出售前，不征收房产税。但对出售前房地产开发企业已使用或出租、出借的商品房，按规定征收房产税。

房产税的征税范围为城市、县城、建制镇和工矿区，具体规定如下：

（1）城市是指国务院批准设立的市。

（2）县城是指县人民政府所在地的地区。

（3）建制镇是指经省、自治区、直辖市人民政府批准设立的建制镇。

（4）工矿区是指工业比较发达、人口比较集中、符合国务院规定的建制镇标准但尚未建立建制镇的大中型工矿企业所在地。开征房产税的工矿区须经省、自治区、直辖市人民政府批准。

### （三）税率

我国现行房产税采用比例税率。由于房产税依据分为从价计征和从租计征两种形式，因此房产税的税率也有两种：

（1）按房产原值一次减除10%～30%后的余值计征的，税率为1.2%。

（2）按房产出租的租金收入计征的，税率为12%。个人按市场价格出租的居民住房，不区分用途，按4%的税率征收房产税。

## 三、房产税的计算

### （一）计税依据

房产税的计税依据是房产的计税价值或房产的租金收入。按照房产计税价值征税的，称为从价计征；按照房产租金收入计征的，称为从租计征。

#### 1.从价计征

房产税依照房产原值一次减除10%～30%后的余值计算缴纳。各地扣除比例由当地省、自治区、直辖市人民政府确定。

#### 2.从租计征

房产出租的，以房产租金收入为房产税的计税依据，不包含增值税。

### （二）应纳税额的计算

房产税的计税依据有两种，与之相适应的应纳税额也分为两种：一是从价计征的计算；二是从租计征的计算。

#### 1.从价计征的计算

从价计征是按房产原值减除一定的比例后的余值计征。其计算公式为：

$$应纳税额=应纳房产原值×（1-扣除比例）×1.2\%$$

如前所述，房产原值是"固定资产"科目中记载的房屋原价，减除一定比例是省、自治区、直辖市人民政府规定的10%～30%的减除比例，计征的适用税率为1.2%。

【例6-7】海通公司的经营用房原值为3 000万元，按照当地规定允许减除30%后按余值计税，适用税率为1.2%。

要求：计算该公司应缴纳的房产税。

【解析】应纳税额=3 000×（1-30%）×1.2%=25.2（万元）

#### 2.从租计征的计算

从租计征是按房产的租金收入计征。其计算公式为：

$$应纳税额=租金收入×12\%（或4\%）$$

【例6-8】海通公司出租房屋8间，年租金收入为200 000元（不含增值税），适用税率为12%。

要求：计算该公司应缴纳的房产税。

【解析】应纳税额=200 000×12%=24 000（元）

### 四、房产税的税收优惠

房产税优惠政策主要有：

（1）国家机关、人民团体、军队自用的房产免征房产税。

（2）由国家财政部门拨付事业经费的单位，如学校、医疗卫生单位、托儿所、幼儿园、敬老院、文化、体育、艺术这些实行全额或差额预算管理的事业单位所有的，本身业务范围内使用的房产免征房产税。

（3）宗教寺庙、公园、名胜古迹自用的房产免征房产税。

（4）个人所有非营业用的房产免征房产税。

（5）对行使国家行政管理职能的中国人民银行总行（含国家外汇管理局）所属分支机构自用的房产，免征房产税。

### 五、房产税的缴纳

#### （一）纳税义务发生时间

（1）纳税人将原有房产用于生产经营，从生产经营之月起缴纳房产税。

（2）纳税人自行新建房屋用于生产经营，从建成的次月起缴纳房产税。

（3）纳税人委托施工企业建设的房屋，从办理验收手续的次月起缴纳房产税。

（4）纳税人购置新建商品房，自房屋交付使用的次月起缴纳房产税。

（5）纳税人购置存量房，自办理房屋权属转移、变更登记手续，房地产权属登记机关签发房屋权属证书的次月起缴纳房产税。

（6）纳税人出租、出借房产，自交付出租、出借本企业房产的次月起缴纳房产税。

（7）房地产开发项目自用、出租、出借本企业建造的商品房，自房屋使用或交付的次月起缴纳房产税。

#### （二）纳税期限

房产税实行按年计算、分期缴纳的征收方法，具体纳税期限由省、自治区、直辖市人民政府确定。

#### （三）纳税地点

房产税在房产所在地缴纳。房产不在同一地方的纳税人，应按房产的坐落地点分别向房产所在地的税务机关纳税。

#### （四）纳税申报

为便利纳税人办理纳税申报，自2021年6月1日起，实行财产和行为税合并申报。财产和行为税纳税申报表、财产和行为税减免税明细申报附表见表6-2、表6-3。

房产税的智能申报，见资源税。

■ ■ ■ ■ **任务实施**

### 实践活动1

【活动目标】

通过案例分析,进一步熟练掌握房产税的计算。

【活动要求】

根据案例资料,对房产税进行纳税分析,并会计算房产税。

【活动实施】

海昌市居民王某有两套住房,市场价值200万元,2023年7月1日王某将其中一套价值120万元的住房出租给某企业办公,每月租金为8 000元(不含增值税),另一套自己居住。

要求:根据上述资料,分析并计算王某应缴纳的房产税。

【活动指导】

本题考查的是房产税的税率。我国现行房产税采用比例税率,根据计税依据不同,分设两种税率。依照房产价值计算纳税的,税率为1.2%;依照房产租金收入计算纳税的,税率为12%;个人按市场价格出租的居民住房,可暂减按4%的税率征收房产税。因此,王某每月租金收入8 000元,从7月1日起到年底共6个月,适用税率为4%。其应纳税额为1 920元(8 000×6×4%)。

### 实践活动2

【活动目标】

通过社会实践,进一步熟悉房产税的主要法律规定。

【活动要求】

运用学习到的房产税知识,分析自己家中的一处房产在购置过程中是如何计算并缴纳房产税的,填写关于房产税的调查表,见表6-7。

【活动实施】

表6-7 关于房产税的调查表

| 调查项目 | 调查内容 | 备注 |
|---|---|---|
| 纳税人 | | |
| 计税依据 | | |
| 税率 | | |
| 应纳税额的计算 | | |
| 纳税环节 | | |

【活动指导】

在调查时可以参考上述关于房产税的调查表的调查项目，也可以根据实际情况调整或自己设计调查表。

## 任务6.6 车船税的计算与缴纳

### ■ ■ ■ 任务描述

车船税属于财产税，征收车船税一方面可以加强对车船使用的管理，促进车船的合理配置；另一方面还可以调节财富分配，体现社会公平。本任务主要学习车船税的概念、特征、纳税人、税目、税率等主要税收法律规定，学生应全面认识车船税，为进一步掌握车船税的计算与缴纳做好理论知识的准备。

【案例导入】

李娜的哥哥给新车买保险时，发现里面有一项是车船税，向李娜咨询："什么是车船税？为什么要缴纳车船税？车船税应如何计算？"李娜一下子面对这么多问题，也不是很确定，于是决定详细了解一下车船税的相关内容。

### ■ ■ ■ 知识准备

#### 一、车船税的概念

车船税，是指对在中国境内的车辆、船舶的所有人或者管理人征收的一种税。

#### 二、车船税的主要法律规定

#### （一）纳税人

车船税的纳税人，是指在中国境内的车辆、船舶的所有人或者管理人。

从事机动车交通事故责任强制保险业务的保险机构为机动车车船税的扣缴义务人。纳税人应该在购买机动车交通事故责任强制保险的同时缴纳车船税。

【想一想】

为什么规定保险机构代收代缴机动车的车船税？

#### （二）征税范围

##### 1.车辆

车辆具体包括乘用车、商用客车、商用货车、挂车、专用作业车、轮式专用机械车和摩托车。

##### 2.船舶

船舶具体包括机动船舶和游艇。

#### （三）税目与税率

车船税采用定额税率，即对征税的车船规定单位固定税额（见表6-8）。

车辆的具体适用税额由省、自治区、直辖市人民政府依照《中华人民共和国车船税法》确定。

船舶的具体适用税额由国务院在车船税法所附车船税税目税额表规定的税额幅度内确定。

表6-8　　　　　　　　　　　　　　　车船税税目税额表

| 税目 | | 按发动机气缸容量（排气量）分档 | 计税单位 | 年基准税额 | 备注 |
|---|---|---|---|---|---|
| 乘用车 | | 1.0升（含）以下的 | 每辆 | 60~360元 | 核定载客人数9人（含）以下 |
| | | 1.0升以上至1.6升（含）的 | | 300~540元 | |
| | | 1.6升以上至2.0升（含）的 | | 360~660元 | |
| | | 2.0升以上至2.5升（含）的 | | 660~1 200元 | |
| | | 2.5升以上至3.0升（含）的 | | 1 200~2 400元 | |
| | | 3.0升以上至4.0升（含）的 | | 2 400~3 600元 | |
| | | 4.0升以上的 | | 3 600~5 400元 | |
| 商用客车 | | — | 每辆 | 480~1 440元 | 核定载客人数9人以上，包括电车 |
| 商用货车 | | — | 整备质量（每吨） | 16~120元 | 包括半挂牵引车、三轮汽车和低速载货汽车等 |
| 挂车 | | — | 整备质量（每吨） | | 按照货车税额的50%计算 |
| 专用作业车 | | — | 整备质量（每吨） | 16~120元 | 不包括拖拉机 |
| 轮式专用机械车 | | — | 整备质量（每吨） | 16~120元 | |
| 摩托车 | | — | 每辆 | 36~180元 | |
| 船舶 | 机动船舶 | — | 净吨位（每吨） | 3~6元 | 拖船、非机动驳船分别按照机动船舶税额的50%计算 |
| | 游艇 | — | 艇身长度（每米） | 600~2 000元 | |

### 三、车船税的计算

#### （一）计税依据

（1）乘用车、商用客车、摩托车以"每辆"为计税依据。

（2）商用货车、挂车、专用作业车、轮式专用机械车以"整备质量"为计税依据。

（3）机动船舶以"净吨位"为计税依据。

（4）游艇以"艇身长度"为计税依据。

#### （二）应纳税额的计算

（1）乘用车、摩托车和商用客车应纳税额的计算。其计算公式为：

$$应纳税额=应税车辆数量×单位税额$$

（2）商用车货车、挂车等应纳税额的计算。其计算公式为：

$$应纳税额=整备质量吨位数×单位税额$$

（3）机动船应纳税额的计算。其计算公式为：

$$应纳税额=净吨位数×单位税额$$

（4）游艇应纳税额的计算。其计算公式为：

$$应纳税额=艇身长度×单位税额$$

【例6-9】安顺运输公司2023年拥有载货汽车10辆（每辆货车整备质量为10吨），载人大客车15辆，小客车8辆。

要求：计算该公司应缴纳的车船税（注：载货汽车每吨年税额为90元，载人大客车每辆年税额为1 000元，小客车每辆年税额为600元）。

【解析】（1）载货汽车的应纳税额=90×10×10=9 000（元）

（2）载人大客车的应纳税额=1 000×15=15 000（元）

（3）小客车的应纳税额=600×8=4 800（元）

全年的应纳税额=9 000+15 000+4 800=28 800（元）

【例6-10】阳光航运公司2023年拥有机动船18艘，其中净吨位数为500吨的有8艘、2 000吨的有10艘。已知单位税额分别为净吨位500吨的4元/吨、净吨位2 000吨的5元/吨。

要求：计算该公司2023年应缴纳的车船税。

【解析】应纳税额=8×500×4+10×2 000×5=116 000（元）

### 四、车船税的税收优惠

下列车船免征车船税：

（1）捕捞、养殖渔船。

（2）军队、武装警察部队专用的车船。

（3）警用车船。

（4）悬挂应急救援专用号牌的国家综合性消防救援车辆和国家综合性消防救援专用船舶。

（5）依照法律规定应当予以免税的外国驻华使领馆、国际组织驻华代表机构及其有关人员的车船。

自2012年1月1日起，对节约能源的车船，减半征收车船税；对使用新能源的车船，免征车船税。

省、自治区、直辖市人民政府根据当地实际情况，可以对公共交通车船，农村居民拥有并主要在农村地区使用的摩托车、三轮汽车和低速载货汽车定期减征或者免征车船税。

### 五、车船税的缴纳

#### （一）纳税义务发生时间

车船税纳税义务发生时间，为取得车船所有权或者管理权的当月。

【小提示】

纳税人投保"交强险"时，由保险机构在销售"交强险"时代收代缴车船税；不投保"交强险"的纳税人，需到主管税务机关申报缴纳车船税。

#### （二）纳税期限

车船税按年申报缴纳。纳税年度，自公历1月1日起至12月31日止。具体申报纳税期限由省、自治区、直辖市人民政府确定。

#### （三）纳税地点

车船税的纳税地点为车船的登记地或者车船税扣缴义务人所在地。依法不需要办理登记的车船，车船税的纳税地点为车船的所有人或者管理人所在地。

#### （四）纳税申报

为便利纳税人办理纳税申报，自2021年6月1日起，实行财产和行为税合并申报。财产和行为税纳税申报表、财产和行为税减免税明细申报附表见表6-2、表6-3。

车船税的智能申报，见资源税。

### ■ ■ ■ 任务实施

### 实践活动1

【活动目标】

通过练习，进一步熟悉车船税的概念和主要法律规定。

【活动要求】

下列选择题中有四个选项，请根据车船税的基本知识，选择出一个或多个正确选项。

【活动实施】

1.关于车船税，乘用车的计税依据为（　　）。

A.购买价格　　　　　　　　　　B.辆

C.净吨位　　　　　　　　　　　D.整备质量

2.下列车船中，可享受车船税减免政策的有（　　）。

A.货运车船　　　　　　　　　　B.农用汽车

C.警用车船　　　　　　　　　　　D.捕捞渔船

【活动指导】

1.本题考查的是车船税的计税依据分为辆、整备质量、净吨位和艇身长度4种计税标准。其中，乘用车以"每辆"为计税依据。答案为B。

2.本题考查的是车船税的税收优惠，其中警用车船和捕捞用渔船属于免税项目。答案为CD。

## 实践活动2

【活动目标】

通过社会实践，进一步熟悉车船税的主要法律规定。

【活动要求】

小组合作进行社会调查，完成一份PPT展示调查成果。

【活动实施】

1.小组合作进行社会调查：购买新车时，车船税是如何形成的，如何计算的，又是如何缴纳的？

2.合作完成一份PPT展示调查成果。

【活动指导】

1.小组成员分工明确，全体参与。

2.提前做好社会调查的准备。

3.PPT制作精良，内容详实，阐述简练。

# 任务6.7　契税的计算与智能申报

■■■■　**任务描述**

本任务主要学习契税的概念、特征、纳税人、税目、税率等主要税收法律规定，学生应全面认识契税，并在此基础上学习契税的计算与缴纳。

【案例导入】

李娜继续在诚信代理记账公司进行毕业前的实习工作。她代理记账的一家木业公司近期准备在市中心购置一套沿街房做产品展销厅，涉及契税的缴纳。为此，李娜刻苦学习，了解并掌握了契税的概念、税率、应纳税额的计算和纳税申报工作。

■■■■　**知识准备**

## 一、契税概述

### （一）契税的概念

契税是以所有权发生转移变动的不动产为征税对象，向产权承受人征收的一种税。

### （二）契税的特征

契税与其他税种相比，具有如下特征：

#### 1.契税属于财产转移税

契税以发生转移的不动产，即土地和房屋为征税对象，具有财产转移课税性质。土地、房屋产权未发生转移的，不征收契税。

#### 2.契税由财产承受人缴纳

一般税种都以确定的销售者为纳税人，即卖方纳税。契税则属于土地、房屋产权发生交易过程中的财产税，由承受人纳税，即买方纳税。对买方征税的主要目的在于承认不动产转移生效，承受人纳税后，便可拥有转移过来的不动产产权或使用权，法律保护纳税人的合法权益。

## 二、契税的主要法律规定

### （一）纳税人

在中国境内转移土地、房屋权属，承受的单位和个人为契税的纳税人。

### （二）征税范围

契税的征税对象为发生土地使用权和房屋所有权权属转移的土地和房屋。契税的征收范围包括单位和个人所有在中国境内的转移土地、房屋权属的行为，具体指下列行为：

#### 1.国有土地使用权出让

土地使用权出让是指国家以土地所有者的身份将土地使用权在一定年限内让与土地使用者，并由土地使用者向国家支付土地使用权出让金的行为。

#### 2.土地使用权转让

土地使用权转让，是指土地使用者以出售、赠与、交换或者其他方式将土地使用权转移给其他单位和个人的行为，但不包括农村集体土地承包经营权的转移。

土地使用权出售，是指土地使用者以土地使用权作为交换条件，取得货币、实物或者其他经济利益的行为。

土地使用权赠与，是指土地使用者将土地使用权无偿转让给受赠者的行为。

土地使用权交换，是指土地使用者之间相互交换土地使用权的行为。

#### 3.房屋买卖

房屋买卖，是指以货币为媒介，出卖者向购买者让渡房产所有权的交易行为。以下特殊情况，视同买卖房屋：

（1）以房产抵债或实物交换房屋。

经当地政府和有关部门批准，以房产抵债和实物交换房屋，均视同房屋买卖，应由产权承受人，按房屋现值缴纳契税。

（2）以房产作投资或作股权转让。

这种交易属于房屋产权转移，应根据国家房地产管理的有关规定，办理房屋产权交易和产权变更登记手续，视同房屋买卖，由产权承受方按买价乘以契税税率缴纳契税。

以自有房产作股投入本人经营企业，免征契税。以自有房产投入本人独资经营的企业，产权所有人和使用人未发生变化的，无须办理房产变更手续，也无须办理契税。

（3）买房拆料或翻建新房，应照章征收契税。

### 4.房屋赠与

房屋赠与，是指房屋产权所有人将房屋无偿转让给他人所有。以获奖方式取得房屋产权的，其实质是接受赠与房产，应照章缴纳契税。

### 5.房屋交换

房屋产权相互交换，双方交换价值相等，免征契税，办理免征契税手续。其价值不等的，按超出部分由支付差价方缴纳契税。

## （三）税率

契税实行3%~5%的幅度比例税率。实行幅度比例税率是考虑到我国经济发展的不平衡、各地经济差别较大的实际情况。因此，各省、自治区、直辖市人民政府可以在3%~5%的幅度比例税率规定范围内，按照本地区的实际情况确定契税税率。

## 三、契税的计算

### （一）计税依据

契税的计税依据按照土地、房屋交易的不同情况确定：

（1）国有土地使用权出让、土地使用权出售、房屋买卖，其计税依据为成交价格。成交价格，是指土地、房屋权属转移合同确定的价格，包括承受者应付的货币、实物、无形资产和其他经济利益，不包含增值税。

（2）土地使用权赠与、房屋赠与，其计税依据由征收机关参照土地使用权出售、房屋买卖的市场价格核定。

（3）土地使用权交换、房屋交换，其计税依据是所交换的土地使用权、房屋的价格差额。双方价格不相等的，由多支付货币、实物、无形资产和其他经济利益的一方按该差额计算纳税；交换价格相等的，免征契税。

此外，对成交价格明显低于市场价格而无正当理由的，或者交换土地使用权、房屋的价格差额明显不合理且无正当理由的，由税务机关核定。

### （二）应纳税额的计算

契税的计算公式为：

$$应纳税额=计税依据×比例税率$$

【例6-11】李女士2023年7月份将一栋私有房屋出售给张先生，房屋成交价格为100 000元；又将另一处住房与王先生交换，并支付换房差价款20 000元。

要求：计算有关纳税人应缴纳的契税（以上价款均不含增值税，当地政府规定比例税率为3%）。

【解析】张先生的应纳税额=100 000×3%=3 000（元）

李女士的应纳税额=20 000×3%=600（元）

#### 四、契税的税收优惠

（1）国家机关、事业单位、社会团体、军事单位承受土地、房屋权属用于办公、教学、医疗、科研、军事设施。

（2）非营利性的学校、医疗机构、社会福利机构承受土地、房屋权属用于办公、教学、医疗、科研、养老、救助。

（3）承受荒山、荒地、荒滩土地使用权用于农、林、牧、渔业生产。

（4）婚姻关系存续期间夫妻之间变更土地、房屋权属。

（5）法定继承人通过继承承受土地、房屋权属。

#### 五、契税的缴纳

##### （一）纳税义务发生时间

契税的纳税义务发生时间是纳税人签订土地、房屋权属转移合同的当天，或者纳税人取得其他具有土地、房屋权属转移合同性质凭证的当天。

##### （二）纳税期限

纳税人应当在依法办理土地、房屋权属登记手续前申报缴纳契税。

##### （三）纳税申报

为便利纳税人办理纳税申报，自2021年6月1日起，实行财产和行为税合并申报。财产和行为税纳税申报表、财产和行为税减免税明细申报附表见表6-2、表6-3。

契税的智能申报，见资源税。

【例6-12】临海市春晓水泥厂计划在东河区设立分厂，2023年7月份从东河美雅置业有限公司购得一处房产，支付价款5 000万元。

要求：计算该厂应缴纳的契税（适用的契税税率为3%）。

【解析】应纳税额=5 000×3%=150（万元）

### ■ ■ ■ ■ 任务实施

#### 实践活动

【活动目标】

通过练习，进一步熟悉契税的计算。

【活动要求】

下列选择题中有四个选项，请根据契税的法律规定，选择出一个正确选项。

【活动实施】

某公司2023年7月份以3 800万元购得某写字楼作为办公用房使用，该写字楼原值6 000万元，累计折旧2 000万元。如果适用的契税税率为4%，该公司应缴纳的契税为（　　）万元。

A.160　　　　　　B.152　　　　　　C.240　　　　　　D.8

【活动指导】

本题考查的是契税的计算。契税以成交价格作为计税依据，应纳税额=3 800×4%=152（万元）。答案为B。

## 任务6.8　印花税的计算与智能申报

### ■■■■ 任务描述

印花税是世界各国普遍征收的一个税种，具有覆盖面广、税率低、税负轻、纳税人自行完税等特点。本任务主要学习印花税的概念、特征、纳税人、税目、税率等主要税收法律规定，学生应全面认识印花税，并进一步掌握印花税的计算与缴纳。

【案例导入】

细心的李娜在代理会计记账的过程中发现，所有企业的实收资本账簿都有像邮票一样的票样，询问会计师后，李娜了解到这是印花税票。在会计师的带领下，李娜参与办理了青岛天空有限责任公司印花税纳税申报。李娜翻阅了青岛天空有限责任公司的相关资料，如下所示：

#### 1.基本资料

企业名称：青岛天空有限责任公司　　　　法人代表：刘鹏

注册资本：50万元　　　　　　　　　　经营范围：热水器、散热器

经营地址：青岛市四方区宁夏路100号　　企业性质：有限责任公司

纳税人识别号：913702025602105822　　电话号码：0532-89558160

开户银行及账号：建设银行 37101986523102430841

#### 2.经济业务

青岛天空有限责任公司（以下简称天空公司），2023年2月1日开业，与其他企业订立转移专有技术使用权书据1件，所载金额50万元；订立产品购销合同3份，所载金额150万元；订立借款合同1份，所载金额60万元。此外，企业的实收资本账簿中，"实收资本"科目载有资金400万元。

请根据上述资料计算该企业2023年应缴纳的印花税。

### ■■■■ 知识准备

## 一、印花税概述

### （一）印花税的概念

印花税是对在我国境内书立应税凭证、进行证券交易的单位和个人征收的一种税。由于纳税人可以在应税凭证上通过粘贴"印花税票"来完成纳税义务，因此称为印花税。

## （二）印花税的特征

印花税具有覆盖面广、税率低、税负轻、纳税人自行完税等特征。

印花税票是缴纳印花税的完税凭证，由国家税务总局负责监制。其票面金额以人民币为单位，分为壹角、贰角、伍角、壹圆、贰圆、伍圆、拾圆、伍拾圆、壹佰圆9种。

线上小课堂
6-2

《中华人民共和国印花税法》自2022年7月1日起施行，邀你扫描"线上小课堂6-2"二维码。

（微视频）《印花税法》生效啦，这些变化请知晓

## 二、印花税的主要法律规定

### （一）纳税人

在我国境内书立应税凭证、进行证券交易的单位和个人，为印花税的纳税人。

所谓单位和个人，是指国内各类企业、事业、机关、团体、部队以及中外合资企业、合作企业、外资企业、外国公司和其他经济组织及其在华机构等单位和个人。

在我国境外书立、在境内使用的应税凭证的单位和个人，应当缴纳印花税。

证券交易印花税对证券交易的出让方征收，不对受让方征收。由证券登记结算机构代扣代缴。

【小提示】

对应税凭证，凡由两方或两方以上当事人共同书立的，其当事人各方都是印花税的纳税人，应各就其所持凭证的计税金额履行纳税义务。

### （二）征税范围

在我国境内书立应税凭证、进行证券交易的单位和个人，均应缴纳印花税。

#### 1.应税凭证

应税凭证包括合同、产权转移书据和营业账簿。

（1）合同

在印花税税目税率表（见表6-9）中列举了11种合同，具体包括借款合同、融资租赁合同、买卖合同、承揽合同、建设工程合同、运输合同、技术合同、租赁合同、保管合同、仓储合同、财产保险合同。

企业之间书立的确定买卖关系、明确买卖双方权利义务的订单、要货单等单据，且未另外书立买卖合同的，应当按规定缴纳印花税。

（2）产权转移书据

产权转移书据包括土地使用权出让书据、土地使用权及房屋等建筑物和构筑物所有权转让书据（不包括土地承包经营权和土地经营权转移）、股权转让书据（不包括应缴纳的证券交易印花税），以及商标专用权、著作权、专利权、专有技术使用权转让书据。

（3）营业账簿

营业账簿是指记载实收资本（股本）、资本公积的账簿。

#### 2.证券交易

证券交易，是指转让在依法设立的证券交易所、国务院批准的其他全国性证券交易

场所交易的股票和以股票为基础的存托凭证。

### （三）税率

印花税的税率设计遵循"税负从轻、共同负担"的原则，所以税率比较低。印花税采用比例税率，分为5个档次，分别是0.05‰、0.25‰、0.3‰、0.5‰、1‰。

表6-9 印花税税目税率表

| 税目 | | 税率 | 备注 |
|---|---|---|---|
| 合同（即书面合同） | 借款合同 | 借款金额的万分之零点五 | 是指银行业金融机构、经国务院银行业监督管理机构批准设立的其他金融机构与借款人（不包括同业拆借）的借款合同 |
| | 融资租赁合同 | 租金的万分之零点五 | |
| | 买卖合同 | 价款的万分之三 | 是指动产买卖合同（不包括个人书立的动产买卖合同） |
| | 承揽合同 | 报酬的万分之三 | |
| | 建设工程合同 | 价款的万分之三 | |
| | 运输合同 | 运输费用的万分之三 | 是指货运合同和多式联运合同（不包括管道运输合同） |
| | 技术合同 | 价款、报酬或者使用费的万分之三 | 不包括专利权、专有技术使用权转让书据 |
| | 租赁合同 | 租金的千分之一 | |
| | 保管合同 | 保管费的千分之一 | |
| | 仓储合同 | 仓储费的千分之一 | |
| | 财产保险合同 | 保险费的千分之一 | 不包括再保险合同 |
| 产权转移书据 | 土地使用权出让书据 | 价款的万分之五 | 转让包括买卖（出售）、继承、赠与、互换、分割 |
| | 土地使用权、房屋等建筑物和构筑物所有权转让书据（不包括土地承包经营权和土地经营权转移） | 价款的万分之五 | |
| | 股权转让书据（不包括应缴纳的证券交易印花税） | 价款的万分之五 | |
| | 商标专用权、著作权、专利权、专有技术使用权转让书据 | 价款的万分之三 | |
| 营业账簿 | 生产经营用账册 | 实收资本（股本）、资本公积合计金额的万分之二点五 | |
| 证券交易 | | 成交金额的千分之一 | 自2023年8月28日起，证券交易印花税实施减半征收 |

同一应税凭证载有两个以上税目事项并分别列明金额的，按照各自适用的税目税率分别计算应纳税额；未分别列明金额的，从高适用税率。

### 三、印花税的计算

#### （一）计税依据

（1）应税合同的计税依据，为合同所列的金额，不包括列明的增值税税款。

（2）应税产权转移书据的计税依据，为产权转移书据所列的金额，不包括列明的增值税税款。

（3）应税营业账簿的计税依据，为账簿记载的实收资本（股本）、资本公积合计金额。

（4）证券交易的计税依据，为成交金额。

应税合同、产权转移书据未列明金额的，印花税的计税依据按照实际结算的金额确定。

证券交易无转让价格的，按照办理过户登记手续时该证券前一个交易日收盘价计算确定计税依据；无收盘价的，按照证券面值计算确定计税依据。

同一应税合同、产权转移书据中涉及两方以上纳税人，且未列明纳税人各自涉及金额的，以纳税人平均分摊的应税凭证所列金额（不包括列明的增值税税款）确定计税依据。

#### （二）应纳税额的计算方法

印花税的应纳税额按照计税依据乘以适用税率计算。其计算公式为：

$$应纳税额=计税依据×适用税率$$

同一应税凭证由两方以上当事人书立的，按照各自涉及的金额分别计算应纳税额。

已缴纳印花税的营业账簿，以后年度记载的实收资本（股本）、资本公积合计金额比已缴纳印花税的实收资本（股本）、资本公积合计金额增加的，按照增加部分计算应纳税额。

未履行的应税合同、产权转移书据，已缴纳的印花税不予退还及抵缴税款。

纳税人多贴的印花税票，不予退税及抵缴税款。

**【案例导入分析】**

李娜对天空公司2023年2月份应缴纳的印花税计算如下：

（1）企业订立专有技术使用权书据的应纳税额。

应纳税额=500 000×0.3‰=150（元）

（2）企业订立购销合同的应纳税额。

应纳税额=1 500 000×0.3‰=450（元）

（3）企业订立借款合同的应纳税额。

应纳税额=600 000×0.05‰=30（元）

（4）企业记载资金的账簿的应纳税额。

应纳税额=4 000 000×0.25‰=1 000（元）

（5）2023年企业应缴纳的印花税。

应纳税额=150+450+30+1 000=1 630（元）

#### 四、印花税的税收优惠

下列凭证免征印花税：

（1）应税凭证的副本或者抄本。

（2）农民、家庭农场、农民专业合作社、农村集体经济组织、村民委员会购买农业生产资料或者销售农产品书立的买卖合同和农业保险合同。

（3）无息或者贴息借款合同、国际金融组织向中国提供优惠贷款书立的借款合同。

（4）财产所有权人将财产赠与政府、学校、社会福利机构、慈善组织时书立的产权转移书据。

（5）个人与电子商务经营者订立的电子订单。

#### 五、印花税的缴纳

##### （一）纳税义务发生时间

印花税的纳税义务发生时间为纳税人书立应税凭证或者完成证券交易的当日。

证券交易印花税扣缴义务发生时间为证券交易完成的当日。

##### （二）纳税期限

印花税按季、按年或者按次计征。实行按季、按年计征的，纳税人应当自季度、年度终了之日起15日内申报缴纳税款；实行按次计征的，纳税人应当自纳税义务发生之日起15日内申报缴纳税款。

证券交易印花税按周解缴。证券交易印花税扣缴义务人应当自每周终了之日起5日内申报解缴税款以及银行结算的利息。

##### （三）纳税地点

纳税人为单位的，应当向其机构所在地的主管税务机关申报缴纳印花税；纳税人为个人的，应当向应税凭证书立地或者纳税人居住地的主管税务机关申报缴纳印花税。

不动产产权发生转移的，纳税人应当向不动产所在地的主管税务机关申报缴纳印花税。

##### （四）缴纳办法

印花税可以采用粘贴印花税票或者由税务机关依法开具其他完税凭证的方式缴纳。

印花税票粘贴在应税凭证上的，由纳税人在每枚税票的骑缝处盖戳注销或者画销。

##### （五）纳税申报

为便利纳税人办理纳税申报，自2021年6月1日起，实行财产和行为税合并申报。财产和行为税纳税申报表、财产和行为税减免税明细申报附表见表6-2、表6-3。

印花税的智能申报，见资源税。

■■■■■ **任务实施**

### 实践活动1

【活动目标】

通过案例分析，进一步熟练掌握印花税的计算。

【活动要求】

根据案例资料，结合印花税的相关知识对印花税进行分析，并会计算印花税。

【活动实施】

福茂公司2023年1月份开业，订立转移专用技术使用权书据1件，所载金额200万元；订立产品销货合同1份，所载金额500万元；订立借款合同1份，所载金额100万元；订立财产保险合同1份，保险金额4万元。此外，公司营业账簿中资金账簿记载实收资本和资本公积两项合计金额800万元。

要求：请分析并计算该公司应缴纳的印花税。

【活动指导】

本题考查的是印花税的税目、税率，以及应纳税额的计算。

（1）公司订立专有技术使用权书据的应纳税额。

应纳税额=2 000 000×0.3‰=600（元）

（2）公司订立购销合同的应纳税额。

应纳税额=5 000 000×0.3‰=1 500（元）

（3）公司订立借款合同的应纳税额。

应纳税额=1 000 000×0.05‰=50（元）

（4）公司订立财产保险合同的应纳税额。

应纳税额=40 000×1‰=40（元）

（5）公司记载资金的账簿的应纳税额。

应纳税额=8 000 000×0.25‰=2 000（元）

（6）当年公司应缴纳的印花税。

应纳税额=600+1 500+50+40+2 000=4 190（元）

### 实践活动2

【活动目标】

通过社会实践，进一步熟悉印花税的主要法律规定。

【活动要求】

采用小组合作的形式，利用网络查阅印花税的发展历史，并完成500字的调查报告。

【活动实施】

以小组为单位，通过查阅资料全面了解印花税，完成一份调查报告。

【活动指导】

建议从印花税的起源、发展、现状、作用等多方面进行调查。

## 任务6.9　车辆购置税的计算与智能申报

■　■　■　■　**任务描述**

本任务中学生应通过学习车辆购置税的概念、特征、纳税人、税目、税率等主要税收法律规定，全面认识车辆购置税，并在此基础上学习车辆购置税的计算与缴纳。

【**案例导入**】

李娜继续在诚信代理记账公司进行毕业前的实习工作。她代理记账的一家木业公司近期准备购买一辆别克轿车，涉及车辆购置税的缴纳。为此，李娜认真查找有关资料，了解并掌握了车辆购置税的概念、税率、应纳税额的计算和纳税申报工作。

■　■　■　■　**知识准备**

### 一、车辆购置税概述

#### （一）车辆购置税的概念

车辆购置税是对在中国境内购置应税车辆并自用的单位和个人，就其购置的应税车辆征收的一种税。

#### （二）车辆购置税的作用

（1）有利于增加财政收入，筹集建设资金，促进交通基础设施的进一步完善。

（2）进一步规范政府行为，理顺税费关系，深化和完善财税体制改革。

### 二、车辆购置税的主要法律规定

#### （一）纳税人

在中国境内购买、进口、自产、受赠、获奖或者其他方式取得并自用应税车辆的单位和个人，为车辆购置税的纳税人。

#### （二）征税范围

车辆购置税的征收范围包括汽车、有轨电车、汽车挂车、排气量超过150毫升的摩托车。

#### （三）税率

车辆购置税的税率为10%。

### 三、车辆购置税的计算

车辆购置税实行从价定率计算应纳税额。其计算公式为：

$$应纳税额 = 计税价格 \times 税率$$

计税价格根据不同情况，按照下列规定确定：

（1）纳税人购买自用应税车辆的计税价格，为纳税人购买应税车辆而支付给销售者的全部价款，不包括增值税。纳税人购车发票的价格包括增值税税款的，在确定车辆购置税计税价格时，应将其换算为不含增值税的销售价格。其计算公式为：

$$计税价格=含增值税的销售价格÷（1+13\%）$$

（2）纳税人进口自用的应税车辆的计税价格。其计算公式为：

$$计税价格=关税完税价格+关税+消费税$$

（3）纳税人自产自用应税车辆的计税价格，按照纳税人生产的同类应税车辆的销售价格确定，不包括增值税。

（4）纳税人以受赠、获奖或者其他方式取得自用应税车辆的计税价格，按照购置应税车辆时相关凭证载明的价格确定，不包括增值税。

纳税人申报的应税车辆计税价格明显偏低，又无正当理由的，由税务机关依照《中华人民共和国税收征收管理法》的规定核定。

【例6-13】李某于2023年7月1日购买自用普通桑塔纳轿车一辆，含税售价为108 000元。

要求：计算李某应缴纳的车辆购置税。

【解析】应纳税额=108 000÷（1+13%）×10%=9 557.52（元）

## 四、车辆购置税的税收优惠

（1）依照法律规定应当予以免税的外国驻华使馆、领事馆和国际组织驻华机构及其有关人员自用的车辆。

（2）中国人民解放军和中国人民武装警察部队列入装备订货计划的车辆。

（3）悬挂应急救援专用号牌的国家综合性消防救援车辆。

（4）设有固定装置的非运输专用作业车辆。

（5）城市公交企业购置的公共汽电车辆。

线上小课堂
6-3

[二维码]

新能源汽车车辆购置税减免政策

为支持新能源汽车产业发展，促进汽车消费，对购置日期在2024年1月1日至2025年12月31日期间的新能源汽车免征车辆购置税，每辆新能源乘用车免税额不超过3万元；对购置日期在2026年1月1日至2027年12月31日期间的新能源汽车减半征收车辆购置税，每辆新能源乘用车减税额不超过1.5万元。

新能源汽车车辆购置税减免政策，邀你扫描"线上小课堂6-3"二维码。

## 五、车辆购置税的缴纳

### （一）纳税期限

纳税人应当在向公安机关、交通管理部门办理车辆注册登记前，缴纳车辆购置税。

车辆购置税的纳税义务发生时间为纳税人购置应税车辆的当日。纳税人应当自纳税义务发生之日起60日内申报缴纳车辆购置税。

车辆购置税采取单一环节的一次课征制度，购置已征车辆购置税的车辆，不再征收车辆购置税。

### （二）纳税地点

纳税人购置应税车辆，应当向车辆登记注册地的主管税务机关申报缴纳车辆购置税；纳税人购置无须办理车辆登记注册手续的应税车辆，应当向纳税人所在地的主管税务机关申报缴纳车辆购置税。

### （三）纳税申报

#### 1.填报资料

纳税人办理纳税申报时应如实填写车辆购置税纳税申报表（见表6-10），同时提供以下资料：

（1）纳税人身份证明。

（2）车辆价格证明。

（3）车辆合格证明。

（4）税务机关要求提供的其他资料。

#### 2.智能申报

车辆购置税智能申报的具体流程是：登录电子税务局，依次点击"我要办税>税费申报及缴纳>申报清册>其他申报>车辆购置税纳税申报表"按钮，进入车辆购置税纳税申报表（见表6-10）后，将自动获取合格证信息、发票信息数据，在纳税人检查数据确认无误后，点击"计税"按钮，再选择"申报"按钮提交。

【例6-14】2023年7月，临海市信达会计服务公司从汽车销售公司购买一辆轿车自用，支付价款221 000元（含增值税），另支付车辆装饰费5 000元，支付的各项价款均由销售公司开具机动车销售统一发票。

要求：计算该公司应缴纳的车辆购置税（车辆购置税税率为10%）。

【解析】应纳税额=（221 000+5 000）÷（1+13%）×10%=20 000（元）

表6-10 车辆购置税纳税申报表

填表日期：　年　月　日　　　　金额单位：元（列至角分）

| 纳税人名称 | | 申报类型 | □征税　□免税　□减税 |
|---|---|---|---|
| 证件名称 | | 证件号码 | |
| 联系电话 | | 地址 | |
| 合格证编号（货物进口证明书号） | | 车辆识别代号/车架号 | |
| 厂牌型号 | | | |
| 排量（cc） | | 机动车销售统一发票代码 | |
| 机动车销售统一发票号码 | | 不含税价 | |
| 海关进口关税专用缴款书（进出口货物征免税证明）号码 | | | |
| 关税完税价格 | | 关税 | | 消费税 | |

续表

| 其他有效凭证名称 | | 其他有效凭证号码 | | 其他有效凭证价格 | |
| --- | --- | --- | --- | --- | --- |
| 购置日期 | | 申报计税价格 | | 申报免（减）税条件或者代码 | |
| 是否办理车辆登记 | | 车辆拟登记地点 | | | |

纳税人声明：

本纳税申报表是根据国家税收法律法规及相关规定填报的，我确定它是真实的、可靠的、完整的。

纳税人（签名或盖章）：　　年　月　日

委托声明：

现委托（姓名）　　　　　（证件号码）　　　　　　　　办理车辆购置税涉税事宜，提供的凭证、资料是真实的、可靠的、完整的。任何与本申报表有关的往来文件，都可交予此人。

委托人（签章）：　　　　　被委托人（签章）：

| 以下由税务机关填写 | | | | | |
| --- | --- | --- | --- | --- | --- |
| 免（减）税条件代码 | | | | | |
| 计税价格 | 税率 | 应纳税额 | 免（减）税额 | 实纳税额 | 滞纳金金额 |
| | | | | | |
| 受理人：　　　　年 月 日 | | 复核人（适用于免、减税申报）：　　　　年 月 日 | | 主管税务机关（章） | |

**任务实施**

### 实践活动

【活动目标】

通过练习，进一步熟悉车辆购置税的计算。

【活动要求】

下列选择题中有四个选项，请根据车辆购置税的法律规定，选择出一个正确选项。

【活动实施】

2023年7月，张先生从瑞达汽贸公司购买一辆轿车自用，支付价款339 000元（含增值税），支付的各项价款均由销售公司开具机动车销售统一发票。车辆购置税税率为10%，张先生应缴纳的车辆购置税为（　　）元。

A.30 000　　　　　　B.33 900　　　　　　C.39 000　　　　　　D.35 000

【活动指导】

本题考查的是车辆购置税的计算。纳税人购买自用应税车辆的计税价格，为纳税人购买应税车辆而支付给销售者的全部价款和价外费用，不包括增值税。应纳税额=339 000÷（1+13%）×10%=30 000（元）。答案为A。

## 任务6.10　环境保护税的计算与智能申报

### ■ ■ ■ ■ 任务描述

本任务中学生应通过学习环境保护税的纳税人、适用税目税额等主要税收法律规定，全面认识环境保护税，并在此基础上学习环境保护税的计算与缴纳。

【案例导入】

李娜毕业后一直在华龙板材厂工作。她了解到从2018年1月1日起，全国开征环境保护税。为此，李娜认真学习有关规定，了解并掌握了环境保护税的税目税额、应纳税额的计算和纳税申报工作。

### ■ ■ ■ ■ 知识准备

#### 一、环境保护税概述

##### （一）环境保护税的概念

环境保护税是对在中国领域和中国管辖的其他海域，直接向环境排放应税污染物的企业事业单位和其他生产经营者征收的一种税。

##### （二）环境保护税的作用

（1）有利于提高纳税人的环保意识和遵从度，强化企业治污减排的责任。

（2）有利于构建促进经济结构调整、发展方式转变的绿色税制体系。

党的二十大报告指出，完善支持绿色发展的财税、金融、投资、价格政策和标准体系，发展绿色低碳产业，健全资源环境要素市场化配置体系，加快节能降碳先进技术研发和推广应用，倡导绿色消费，推动形成绿色低碳的生产方式和生活方式。

#### 二、环境保护税的主要法律规定

《中华人民共和国环境保护税法》于2018年1月1日起施行。为促进各地保护和改善环境、增加环境保护投入，国务院决定环境保护税全部作为地方收入。

##### （一）纳税人

在中国领域和中国管辖的其他海域，直接向环境排放应税污染物的企业事业单位和其他生产经营者为环境保护税的纳税人。

向依法设立的污水集中处理场所、生活垃圾集中处理场所排放应税污染物的，在符合国家和地方环境保护标准的设施、场所贮存或者处置固体废物的，不属于直接向环境排放污染物，不用缴纳环境保护税。

### （二）征税范围与税目税率

环境保护税的征税范围包括环境保护税税目税额表和应税污染物污染当量值（见表6-11）规定的应税大气污染物、水污染物、固体废物和噪声。

表6-11　　　　　　　　　　　　　　环境保护税税目税额表

| 税目 | | 计税单位 | 税额 | 备注 |
|---|---|---|---|---|
| 大气污染物 | | 每污染当量 | 1.2~12元 | |
| 水污染物 | | 每污染当量 | 1.4~14元 | |
| 固体废物 | 煤矸石 | 每吨 | 5元 | |
| | 尾矿 | 每吨 | 15元 | |
| | 危险废物 | 每吨 | 1 000元 | |
| | 冶炼渣、粉煤灰、炉渣、其他固体废物（含半固态、液态废物） | 每吨 | 25元 | |
| 噪声 | 工业噪声 | 超标1~3分贝 | 每月350元 | 1.一个单位边界上有多处噪声超标，根据最高一处超标声级计算应纳税额；当沿边界长度超过100米有两处以上噪声超标，按照两个单位计算应纳税额<br>2.一个单位有不同地点作业场所的，应当分别计算应纳税额，合并计征<br>3.昼、夜均超标的环境噪声，昼、夜分别计算应纳税额，累计计征<br>4.声源一个月内超标不足15天的，减半计算应纳税额<br>5.夜间频繁突发和夜间偶然突发厂界超标噪声，按等效声级和峰值噪声两种指标中超标分贝值高的一项计算应纳税额 |
| | | 超标4~6分贝 | 每月700元 | |
| | | 超标7~9分贝 | 每月1 400元 | |
| | | 超标10~12分贝 | 每月2 800元 | |
| | | 超标13~15分贝 | 每月5 600元 | |
| | | 超标16分贝以上 | 每月11 200元 | |

环境保护税实行从量定额征收。应税大气污染物和水污染物的具体适用税额的确定和调整，由各省、自治区、直辖市人民政府统筹考虑本地区环境承载能力、污染物排放现状和经济社会生态发展目标要求，在环境保护税税目税额表规定的税额幅度内提出，

报同级人民代表大会常务委员会决定，并报全国人民代表大会常务委员会和国务院备案。

### 三、环境保护税的计算

环境保护税实行从量定额征收。其计算公式为：

应纳税额=应税污染物的计税依据×具体适用税额

#### （一）应税污染物的计税依据

（1）应税大气污染物按照污染物排放量折合的污染当量数确定。

（2）应税水污染物按照污染物排放量折合的污染当量数确定。

（3）应税固体废物按照固体废物的排放量确定。

（4）应税噪声按照超过国家规定的标准分贝数确定。

应税大气污染物、水污染物的污染当量数，以该污染物的排放量除以该污染物的污染当量值计算。每种应税大气污染物、水污染物的具体污染当量值，依照应税污染物的污染当量值执行。其计算公式为：

应税大气污染物、水污染物的污染当量数=排放量÷污染当量值

每一排放口或者没有排放口的应税大气污染物，按照污染当量数从大到小排序，对前三项污染物征收环境保护税。

每一排放口的应税水污染物，按照应税污染物的污染当量值，区分第一类水污染物和其他类水污染物，按照污染当量数从大到小排序，对第一类水污染物按照前五项征收环境保护税，对其他类水污染物按照前三项征收环境保护税。

#### （二）排放量和噪声的分贝数的计算方法与顺序

（1）安装使用符合国家规定和监测规范的污染物自动监测设备的，按照污染物自动监测数据计算。

（2）未安装使用污染物自动监测设备的，按照监测机构出具的符合国家有关规定和监测规范的监测数据计算。

（3）因排放污染物种类多等原因不具备监测条件的，按照国务院环境保护主管部门规定的排污系数、物料衡算方法计算。

（4）不能按照本条第一项至第三项规定的方法计算的，按照各省、自治区、直辖市人民政府环境保护主管部门规定的抽样测算的方法核定计算。

【例6-15】某企业2023年7月份向大气直接排放二氧化硫、氟化物各10千克，一氧化碳、氯化氢各100千克，假设大气污染物的污染当量税额按环境保护税税目税额表最低标准1.2元计算，该企业只有一个排放口。

要求：计算该企业7月份应缴纳的环境保护税（结果保留两位小数）。

【解析】（1）计算各污染物的污染当量数。

二氧化硫：污染当量数=10÷0.95=10.53

氟化物：污染当量数=10÷0.87=11.49

一氧化碳：污染当量数=100÷16.7=5.99

氯化氢：污染当量数=100÷10.75=9.30

（2）按污染物的污染当量数排序。

氟化物（11.49）＞二氧化硫（10.53）＞氯化氢（9.30）＞一氧化碳（5.99）

选取前三项污染物（每一排放口或者没有排放口的应税大气污染物，对前三项污染物征收环境保护税）。

（3）计算应纳税额。

氟化物：应纳税额=11.49×1.2=13.79（元）

二氧化硫：应纳税额=10.53×1.2=12.64（元）

氯化氢：应纳税额=9.3×1.2=11.16（元）

该企业7月份的应纳税额=13.79+12.64+11.16=37.59（元）

【例6-16】假设某企业2023年7月份产生尾矿1 000吨，其中综合利用的尾矿300吨（符合国家和地方环境保护标准），在符合国家和地方环境保护标准的设施中贮存200吨。

要求：计算该企业7月份应缴纳的环境保护税。

【解析】应纳税额=（1 000-300-200）×15=7 500（元）

## 四、环境保护税的税收优惠

### （一）暂予免征环境保护税

（1）农业生产（不包括规模化养殖）排放应税污染物的。

（2）机动车、铁路机车、非道路移动机械、船舶和航空器等流动污染源排放应税污染物的。

（3）依法设立的城乡污水集中处理场所、生活垃圾集中处理场所排放相应应税污染物，不超过国家和地方规定的排放标准的。

（4）纳税人综合利用的固体废物，符合国家和地方环境保护标准的。

（5）国务院批准免税的其他情形（由国务院报全国人民代表大会常务委员会备案）。

### （二）减征环境保护税

（1）纳税人排放应税大气污染物或者水污染物的浓度值低于国家和地方规定的污染物排放标准30%的，减按75%征收环境保护税。

（2）纳税人排放应税大气污染物或者水污染物的浓度值低于国家和地方规定的污染物排放标准50%的，减按50%征收环境保护税。

## 五、环境保护税的缴纳

### （一）纳税义务发生时间

纳税义务发生时间为纳税人排放应税污染物的当日。

### （二）纳税地点

纳税人应当向应税污染物排放地的税务机关申报缴纳环境保护税。

### （三）纳税申报

#### 1.按期申报

按月计算，按季申报缴纳，应当自季度终了之日起15日内，向税务机关办理纳税申报并缴纳税款。

### 2.按次申报

不能按固定期限计算缴纳的，可以按次申报缴纳，应当自纳税义务发生之日起15日内，向税务机关办理纳税申报并缴纳税款。

为便利纳税人办理纳税申报，自2021年6月1日起，实行财产和行为税合并申报。财产和行为税纳税申报表、财产和行为税减免税明细申报附表见表6-2、表6-3。

环境保护税的智能申报，见资源税。

■　■　■　**任务实施**

**实践活动**

【活动目标】

通过练习，进一步熟悉环境保护税的计算。

【活动要求】

下列选择题中有四个选项，请根据环境保护税的法律规定，选择出正确的选项。

【活动实施】

下列关于环境保护税的计税依据说法正确的是（　　　）。

A.应税大气污染物按照污染物排放量折合的污染当量数确定

B.应税水污染物按照污染物排放量折合的污染当量数确定

C.应税固体废物按照固体废物的排放量确定

D.应税噪声按照国家规定的标准分贝数确定

【活动指导】

本题考查的是环境保护税的计税依据。应税噪声按照超过国家规定的标准分贝数确定。答案为ABC。

## 任务6.11　城市维护建设税和教育费附加的计算与智能申报

■　■　■　**任务描述**

城市维护建设税和教育费附加是对缴纳增值税、消费税的单位和个人征收的一种税，属于特定目的税，具有附加税性质。本任务重点学习城市维护建设税和教育费附加的纳税人、计税依据和计算方法。

【案例导入】

李娜在实习工作期间非常好学，努力钻研业务，她发现只要是缴纳增值税或消费税的纳税人，都需要缴纳城市维护建设税。细心的李娜还发现城市维护建设税和教育费附加常常联系在一起，都采用相同的计税依据来进行核算。在会计师的带领下，李娜参与办理了森林地板有限责任公司城市维护建设税和教育费附加的纳税申报。她翻阅了森林地板有限责任公司的相关资料，如下所示：

### 1.基本资料

企业名称：森林地板有限责任公司　　法人代表：张宏

注册资本：100万元　　　　　　　　经营范围：实木地板、复合地板

经营地址：青岛市崂山区大华路70号　企业性质：有限责任公司

纳税人识别号：913702028023041255　电话号码：0532-89976543

开户银行及账号：建设银行　37101986523109203015

### 2.经济业务

2023年6月份实际缴纳的增值税30万元、消费税70万元。

请结合上述资料计算该公司应缴纳的教育费附加和地方教育附加。

■■　■■　■　知识准备

## 一、城市维护建设税概述

### （一）城市维护建设税的概念

城市维护建设税是对缴纳增值税、消费税的单位和个人征收的一种税，是我国为了加强城市的维护建设，扩大和稳定城市维护建设的资金来源，对有经营收入的单位和个人征收的税种。

【知识链接】

城市维护建设税属于特定目的税，城市维护建设税的开征有利于调动地方政府加强城市维护建设的积极性，扩大和稳定城市维护建设资金的来源，体现了"谁上税，谁受益"的原则。在促进城市开发和改造，改善城镇企业和居民生产、生活环境等方面有着重大意义。

### （二）城市维护建设税的主要法律规定

#### 1.纳税人

城市维护建设税的纳税人是指负有缴纳增值税和消费税（以下简称"两税"）义务的单位和个人。

#### 2.适用税率

城市维护建设税按纳税人所在地不同，设置了3档地区差别比例税率：

（1）纳税人所在地为市区的，税率为7%。

（2）纳税人所在地为县城、镇的，税率为5%。

（3）纳税人所在地不在市区及县城、镇的，税率为1%。

### （三）城市维护建设税的计算

根据规定，城市维护建设税计税依据为纳税人依法实际缴纳的增值税和消费税"两税"税额。应当缴纳的"两税"税额，不含因进口货物或境外单位和个人向境内销售劳务、服务、无形资产缴纳的"两税"税额。

（1）依法实际缴纳的增值税税额，是指纳税人依照增值税相关法律法规和税收政策规定计算应当缴纳的增值税税额，加上增值税免抵税额，扣除直接减免的增值税税额和

期末留抵退税额后的金额。

（2）依法实际缴纳的消费税税额，是指纳税人依照消费税相关法律法规和税收政策规定计算应当缴纳的消费税税额，扣除直接减免的消费税税额后的金额。其计算公式为：

城市维护建设税计税依据=依法实际缴纳的增值税税额+依法实际缴纳的消费税税额

$$依法实际缴纳的\atop增值税税额 = 纳税人依照增值税相关法律法规和税收\atop政策规定计算应当缴纳的增值税税额 + 增值税\atop免抵税额 - 直接减免的\atop增值税税额 - 留抵\atop退税额$$

$$依法实际缴纳的\atop消费税税额 = 纳税人依照消费税相关法律法规和税收\atop政策规定计算应当缴纳的消费税税额 - 直接减免的\atop消费税税额$$

应纳税额=（依法实际缴纳的增值税税额+依法实际缴纳的消费税税额）×适用税率

【例6-17】森林有限责任公司2023年7月份实际缴纳的增值税300 000元、消费税700 000元。

要求：计算该公司7月份应缴纳的城市维护建设税。

【解析】应纳税额=（300 000+700 000）×7%=70 000（元）

### （四）城市维护建设税的税收优惠

城市维护建设税原则上不单独减免，但因城市维护建设税又具附加税性质，当减免主税（增值税、消费税）时，相应的城市维护建设税也要减免。具体有以下3种情况：

（1）城市维护建设税随"两税"的减免而减免。

（2）对因减免"两税"而发生的退税，同时退还已纳的城市维护建设税。

（3）海关对进口产品代征的"两税"，不征收城市维护建设税；但对出口产品退还"两税"的，不退还已缴纳的城市维护建设税。

自2023年1月1日至2027年12月31日，对增值税小规模纳税人、小型微利企业和个体工商户减半征收资源税（不含水资源税）、城市维护建设税、房产税、城镇土地使用税、印花税（不含证券交易印花税）、耕地占用税和教育费附加、地方教育附加（简称"六税两费"）。

### （五）城市维护建设税的缴纳

城市维护建设税的纳税义务发生时间与"两税"的纳税义务发生时间一致，分别与"两税"同时缴纳。所谓缴纳，是指在缴纳"两税"时，应当在"两税"同一缴纳地点、同一缴纳期限内，一并缴纳对应的城市维护建设税。

采用委托代征、代扣代缴、代收代缴、预缴、补缴等方式缴纳"两税"的，应当同时缴纳城市维护建设税。

## 二、教育费附加和地方教育附加概述

### （一）教育费附加和地方教育附加的概念

教育费附加和地方教育附加是对缴纳增值税和消费税的单位和个人，就其实际缴纳的"两税"税额为计算依据征收的一种附加费。

### （二）教育费附加和地方教育附加的纳税人

凡缴纳增值税和消费税的单位和个人，均为教育费附加和地方教育附加的纳税义务人。

### （三）教育费附加和地方教育附加的计算

#### 1.计税依据

教育费附加和地方教育附加对缴纳增值税和消费税的单位和个人征收，以其实际缴纳的"两税"税额为计征依据，分别与"两税"同时缴纳。

**【小提示】**

教育费附加的计征依据和计算方法与城市维护建设税相同。

#### 2.计征比例

教育费附加的征收比率为3%，地方教育附加的征收率为2%。

#### 3.计算方法

应缴纳的教育费附加是由纳税人实际缴纳的"两税"税额决定的。其计算公式为：

$$应纳税额=（增值税+消费税）×教育费附加率（3\%或2\%）$$

**【案例导入分析】**

应缴教育费附加=（300 000+700 000）×3%=30 000（元）

应缴地方教育附加=（300 000+700 000）×2%=20 000（元）

### （四）教育费附加和地方教育附加的税收优惠

（1）对海关进口的产品征收的增值税、消费税，不征收教育费附加。

（2）对由于减免增值税和消费税而发生退税的，可同时退还已征收的教育费附加；但对出口产品退还增值税、消费税的，不退还已征的教育费附加。

（3）对国家重大水利工程建设基金免征教育费附加。

（4）自2016年2月1日起，将免征教育费附加、地方教育附加的范围，由现行按月纳税的月销售额或营业额不超过3万元（按季度纳税的季度销售额或营业额不超过9万元）的纳税人，扩大到按月纳税的月销售额或营业额不超过10万元（按季度纳税的季度销售额或营业额不超过30万元）的纳税人。

### （五）教育费附加和地方教育附加的缴纳

教育费附加的纳税地点、纳税环节、纳税期限、纳税申报与城市维护建设税相同。

### （六）纳税申报

#### 1.整合申报

自2021年8月1日起，纳税人申报增值税、消费税时，整合申报附征的城市维护建设税、教育费附加和地方教育附加等附加税费。

#### 2.智能申报

申报表整合实现了增值税和附加税费"一表申报、同征同管"，附加税费附表从增值税申报表主表自动获取信息，按照规定自动计算税款，避免纳税人填写错误。

具体为纳税人填写增值税、消费税相关申报信息后，自动带入附加税费附列资料（附表）；纳税人填写完附加税费其他申报信息后，回到增值税、消费税申报主表，形成纳税人本期应缴纳的增值税、消费税和附加税费数据。上述表内信息预填均由系统自动实现。

增值税及附加税费申报表（一般纳税人）、增值税及附加税费申报表（小规模般纳税人）、消费税及附加税费申报表见表2-3、表2-13、表3-4。相应的附加税费附表，见表6-12、表6-13、表6-14。

表6-12　　增值税及附加税费申报表（一般纳税人适用）附列资料（五）

(附加税费情况表)

税款所属期：　　年　月　日至　　年　月　日

纳税人名称：（公章）　　　　　　　　　　　　　　　　　　　　　　　　　金额单位：元（列至角分）

本期是否适用小微企业"六税两费"减免政策　□是□否

| 税（费）种 | 计税（费）依据 | | | 税（费）率（%） | 本期应纳税（费）额 | 减免政策适用主体 □个体工商户 □小型微利企业 / 适用减免政策起止时间 起 年 月 至 年 月 | | | | | | 本期已缴税（费）额 | 本期应补（退）税（费）额 |
|---|---|---|---|---|---|---|---|---|---|---|---|---|---|
| | | | | | | 本期减免税（费）额 | | 小微企业"六税两费"减免政策 | | 试点建设培育产教融合型企业 | | | |
| | 增值税税额 | 增值税免抵退税额 | 留抵退税本期扣除额 | | | 减免性质代码 | 减免税（费）额 | 减征比例（%） | 减征额 | 减免性质代码 | 本期抵免金额 | | |
| | 1 | 2 | 3 | 4 | 5=(1+2-3)×4 | 6 | 7 | 8 | 9=(5-7)×8 | 10 | 11 | 12 | 13=5-7-9-11-12 |
| 城市维护建设税 1 | | | | | | | | | | | | | |
| 教育费附加 2 | | | | | | | | | | | | | |
| 地方教育附加 3 | | | | | | | | | | | | | |
| 合计 4 | — | — | — | — | | | | — | | — | — | | |

本期是否适用试点建设培育产教融合型企业减免政策　□是　□否

| | | |
|---|---|---|
| 当期新增投资额 | | 5 |
| 上期留抵可抵免金额 | | 6 |
| 结转下期可抵免金额 | | 7 |

可用于扣除的增值税留抵退税额使用情况

| | | |
|---|---|---|
| 当期新增可用于扣除的留抵退税额 | | 8 |
| 上期结存可用于扣除的留抵退税额 | | 9 |
| 结转下期可用于扣除的留抵退税额 | | 10 |

**表6—13**

## 增值税及附加税费申报表（小规模纳税人适用）附列资料（二）
### （附加税费情况表）

税款所属期： 年 月 日至 年 月 日

纳税人名称： (公章)

金额单位：元（列至角分）

| 税（费）种 | 计税（费）依据 增值税税额 1 | 税（费）率（%） 2 | 本期应纳税（费）额 3=1×2 | 本期减免税（费） 减免性质代码 4 | 减免税（费）额 5 | 增值税小规模纳税人"六税两费"减征政策 减征比例（%） 6 | 减征额 7=(3-5)×6 | 本期已缴税（费）额 8 | 本期应补（退）税（费）额 9=3-5-7-8 |
|---|---|---|---|---|---|---|---|---|---|
| 城市维护建设税 | | | | | | | | | |
| 教育费附加 | | | | | | | | | |
| 地方教育附加 | | | | | | | | | |
| 合计 | — | | | — | | — | | | |

**表6—14**

## 消费税及附加税费计算表

金额单位：元（列至角分）

本期是否适用小微企业"六税两费"减免政策 □是 □否

| 减免政策适用主体 增值税小规模纳税人：□是 □否 增值税一般纳税人：□个体工商户□小型微利企业 | 适用减免政策起止时间 年 月至 年 月 |
|---|---|

| 税（费）种 | 计税（费）依据 消费税税额 1 | 税（费）率（%） 2 | 本期应纳税（费）额 3=1×2 | 本期减免税（费） 减免性质代码 4 | 减免税（费）额 5 | 小微企业"六税两费"减免政策 减征比例（%） 6 | 减征额 7=(3-5)×6 | 本期已缴税（费）额 8 | 本期应补（退）税（费）额 9=3-5-7-8 |
|---|---|---|---|---|---|---|---|---|---|
| 城市维护建设税 | | | | | | | | | |
| 教育费附加 | | | | | | | | | |
| 地方教育附加 | | | | | | | | | |
| 合计 | — | | | — | | — | | | |

■ ■ ■ ■ ■ **任务实施**

**实践活动1**

【活动目标】

通过案例分析，进一步熟练掌握城市维护建设税和教育费附加的计算。

【活动要求】

根据城市维护建设税和教育费附加的相关知识，对城市维护建设税和教育费附加进行分析计算。

【活动实施】

天宇公司设立在北京市市区，2023年7月份实际缴纳增值税20万元、消费税15万元。

要求：请分析并计算天宇公司应缴纳的城市维护建设税、教育费附加和地方教育附加。

【活动指导】

本题首先考查了城市维护建设税和教育费附加的计税依据，即以实际缴纳的"两税"税额为计税依据。

其次，考查了城市维护建设税和教育费附加的适用税率，该企业设立于市区，城市维护建设税税率为7%、教育费附加税率为3%、地方教育附加税率为2%。

（1）城市维护建设税：应纳税额=（200 000+150 000）×7%=24 500（元）

（2）教育费附加：应纳税额=（200 000+150 000）×3%=10 500（元）

（3）地方教育附加：应纳税额=（200 000+150 000）×2%=7 000（元）

**实践活动2**

【活动目标】

通过实训将城市维护建设税和教育费附加的计算与会计核算相结合，将知识融会贯通。

【活动要求】

根据实训资料完成会计处理。

【活动实施】

东方公司2023年7月份缴纳增值税340 000元、消费税300 000元。

要求：计算该公司应缴纳的城市维护建设税和教育费附加，并完成会计处理。

【活动指导】

1.应纳税额的计算

（1）城市维护建设税：应纳税额=（340 000+300 000）×7%=44 800（元）

（2）教育费附加：应纳税额=（340 000+300 000）×3%=19 200（元）

2.会计处理

（1）计提税金时：

借：税金及附加　　　　　　　　　　　　　　　　　　　　64 000
　　贷：应交税费——应交城市维护建设税　　　　　　　　　　44 800
　　　　　　　　——应交教育费附加　　　　　　　　　　　　19 200
（2）缴纳税金时：
借：应交税费——应交城市维护建设税　　　　　　　　　　　44 800
　　　　　　——应交教育费附加　　　　　　　　　　　　　19 200
　　贷：银行存款　　　　　　　　　　　　　　　　　　　　64 000

## 任务6.12　关税的计算与智能申报

■ ■ ■ **任务描述**

本任务主要学习关税的概念、特征、纳税人、税目、税率等主要税收法律规定，学生应全面认识关税，并在此基础上学习关税的计算与缴纳。

【案例导入】

李娜是一名会计专业的学生，经学校推荐，她来到诚信代理记账公司开始毕业前的实习工作。她参与了一家外贸公司的代理记账业务，该外贸公司的大量进出口业务都涉及关税的核算。为了顺利完成任务，李娜刻苦学习，了解并掌握了关税的概念、税率、应纳税额的计算和纳税申报工作。

■ ■ ■ **知识准备**

### 一、关税概述

#### （一）关税的概念

关税是海关依法对进出境货物、物品征收的一种税。

所谓"境"，是指关境，又称"海关境域"或"关税领域"，是国家《中华人民共和国海关法》全面实施的领域。通常情况下，一国关境与国境是一致的，包括国家全部的领土、领海、领空。但当某一国家在国境内设立了自由港、自由贸易区等，这些区域就进出口关税而言处在关境之外，这时该国家的关境小于国境。

【小提示】

国境和关境是两个不同的概念。

#### （二）关税的基本特征

（1）纳税上的统一性和一次性。

（2）征收上的过"关"性。

（3）税率上的复式性。

（4）对进出口贸易的调节性。

### （三）关税的种类

（1）按征税货物流向划分，可将关税分为进口税、出口税和过境税。

（2）按征税目的划分，可将关税分为财政关税和保护关税。

（3）按计征方法划分，可将关税分为从价税、从量税、复合税、选择税、滑准税、差价税、季节税等。

（4）按税收政策的国别差异划分，可将关税分为优惠关税和加重关税。

## 二、关税的主要法律规定

### （一）纳税人

进口货物的收货人、出口货物的发货人、进出境物品的所有人是关税的纳税人。

### （二）征税对象

关税的征税对象是准许进出境的货物和物品。货物，是指贸易性商品。物品，是指入境旅客随身携带的行李物品、个人邮递物品、各种运输工具上的服务人员携带进口的自用物品、馈赠物品以及其他方式进境的个人物品。

### （三）税率

#### 1.进口关税

进口关税设有最惠国税率、协定税率、特惠税率、普通税率、关税配额税率等税率。另外，对进口货物在一定期限内可以实行暂定税率。

#### 2.出口关税

我国出口税为一栏税率，即出口税率。国家仅对少数资源性产品及易于竞相杀价、盲目进口、需要规范出口秩序的半制成品征收出口关税。

#### 3.特别关税

特别关税包括报复性关税、反倾销关税、反补贴关税和保障性关税。征收特别关税的货物，适用国别、税率、期限和征收办法，由国务院关税税则委员会决定，海关总署负责实施。

## 三、关税的计算

### （一）关税完税价格

关税的计税依据分别为关税完税价格和进出口数量。我国现行关税大多实行从价计征，即以进出口应税货物的完税价格为计税依据。

#### 1.一般进口货物的完税价格

根据《中华人民共和国海关法》的规定，进口货物的完税价格包括货物的标价、货物运抵中国境内输入地点起卸前的运输及其相关费用、保险费。中国境内输入地为入境海关地，包括内陆河、江口岸，一般为第一口岸。货物的货价以成交价格为基础。进口货物的成交价格，是指买方为购买该货物，并按《中华人民共和国海关审定进出口货物完税价格办法》有关规定调整后实付或应付的价格。

进口货物的下列费用应当计入完税价格：

（1）由买方负担的除购货佣金以外的佣金和经纪费。佣金，是指买方为购买进口货物向自己的采购代理人支付的劳务费用。经纪费，是指买方为购买进口货物向代表买卖双方利益的经纪人支付的劳务费用。

（2）由买方负担的与该货物视为一体的容器费用。

（3）由买方负担的包装材料和包装劳务费用。

（4）与该货物的生产和向中国境内销售有关的，由买方以免费或者以低于成本的方式提供并可以按适当比例分摊的料件、工具、模具、消耗材料及类似货物的价款，以及在中国境外开发、设计等相关服务的费用。

（5）与该货物有关并作为卖方向我国销售该货物的一项条件，应当由买方直接或间接支付的特许权使用费。特许权使用费，是指买方为获得与进口货物相关的、受著作权保护的作品、专利、商标、专有技术和其他权利的使用许可而支付的费用。但是，在估定完税价格时，进口货物在境内的复制权费不得计入该货物的实付或应付价格之中。

（6）卖方直接或间接从买方对该货物进口后转售、处置或使用所得中获得的收益。

上列所述的费用或价值，应当由进口货物的收货人向海关提供客观量化的数据资料。如果没有客观量化的数据资料，完税价格由海关按《中华人民共和国海关审定进出口货物完税价格办法》规定的方法进行估定。

进口时在货物的价款中列明的下列税收、费用，不得计入该货物的完税价格：

（1）厂房、机械、设备等货物进口后的基建、安装、装配、维修和技术服务的费用。

（2）货物运抵境内输入地点之后的运输费用、保险费用和其他相关费用。

（3）进口关税及其他国内税收。

【例6-18】 兴隆进出口公司2023年7月份进口摩托车800辆，经海关审定的货价为150万美元。另外，运抵我国关境内输入地点起卸前发生包装费10万美元、运输费6万美元、保险费3万美元、购货佣金4万美元。

要求：计算兴隆进口公司进口该批摩托车的关税完税价格。

【解析】该批摩托车的关税完税价格=150+10+6+3=169（万美元）

**2.出口货物的完税价格**

出口货物的完税价格，由海关以该货物向境外销售的成交价格为基础审查确定，并应包括货物运至中国境内输出地点装载前的运输及其相关费用、保险费等。

出口货物的成交价格，是指该货物出口销售到中国境外时买方向卖方实付或应付的价格。出口货物的成交价格中含有支付给境外的佣金的，如果单独列明，则应当扣除。

**（二）应纳税额的计算**

**1.进口货物应纳税额的计算**

（1）从价税应纳税额的计算。

从价税应纳税额的计算公式为：

$$关税税额=应税进口货物数量×单位完税价格×税率$$

【例6-19】 广发进出口公司2023年7月份从法国进口一批货物，该批货物的法国离岸价格为600万元，运抵中国关境内输入地点起卸前的包装费、运输费、保险费和其他劳务费用共计40万元，支付货物运抵境内输入地点之后的运输费用5万元。海关核定该批货物适用的进口关税税率为10%。

要求：计算该进出口公司应纳的进口关税。

【解析】关税税额=（600+40）×10%=64（万元）

（2）从量税应纳税额的计算。

从量税应纳税额的计算公式为：

关税税额=应税进口货物数量×单位货物税额

【例6-20】安平进出口公司2023年7月份从美国进口400箱啤酒，每箱24瓶，每瓶容积500毫升，价格为CIF 3 000美元。

要求：计算该进出口公司应缴纳的关税（100美元兑换人民币622元，关税普通税率为7.5元/升）。

【解析】应税进口货物数量=400×24×500÷1 000=4 800（升）

关税税额=4 800×7.5=36 000（元）

【小提示】

目前，我国对原油、部分鸡产品、啤酒、胶卷进口商品分别以重量、容量、面积计征从量税。

（3）复合税应纳税额的计算。

复合税应纳税额的计算公式为：

关税税额=应税进口货物数量×单位货物税额+应税进口货物数量×单位完税价格×税率

【例6-21】友谊公司2023年7月份进口3台日本产照相机，价格折合人民币54 000元。

要求：计算该公司应缴纳的关税（适用的优惠税率：从量税为每台3 800元；从价税税率为3%）。

【解析】关税税额=3×3 800+54 000×3%=13 020（元）

（4）滑准税应纳税额的计算。

滑准税应纳税额的计算公式为：

关税税额=应税进口货物数量×单位完税价格×滑准税税率

**【知识链接】**

滑准税是从价税的一种，在关税税则中，对同一进出口货物或物品事先按其价格高低设定若干档不同税率，海关计征时，按进出口货物和物品的完税价格，对照税率表确定适用税率征收的关税。目前，我国对关税配额外进口的一定数量的棉花实行滑准税。

【例6-22】友好进出口公司2023年7月份进口摩托车600辆，经海关审定的货价为82万美元。另外，运抵中国境内输入地点起卸前发生包装费8万美元、运输费4万美元、保险费2万美元。假设人民币汇价为1美元=6.28元人民币，该批摩托车的进口关税税率为20%，消费税税率为10%，增值税税率为13%。

要求：计算该进出口公司进口该批摩托车的关税完税价格，及其应缴纳的关税、消费税、增值税。

【解析】关税完税价格=820 000+80 000+40 000+20 000=960 000（美元）

关税的应纳税额=960 000×6.28×20%=1 205 760（元）

消费税的应纳税额=（960 000×6.28+1 205 760）÷（1-10%）×10%=803 840（元）

增值税的应纳税额=（960 000×6.28+1 205 760）÷（1-13%）×13%=1 081 026.21（元）

### 2.出口货物应纳税额的计算

目前，我国大部分出口关税均采用从价税的形式征收。其计算公式为：

关税税额=应税出口货物数量×单位完税价格×税率

## 四、关税的税收优惠

关税减免是对某些纳税人和征税对象给予鼓励和照顾的一种特殊调节手段。

### 1.法定减免税

法定减免税是税法中明确列出的减税或免税。符合税法规定可予减免税的进出口货物，纳税人无须提出申请，海关可按规定直接予以减免税。海关对法定减免税货物一般不进行后续管理。

### 2.特定减免税

在法定减免税之外，国家按照国际通行规则和我国实际情况，制定发布的有关进出口货物减免关税的政策，称为特定或政策性减免税。

### 3.临时减免税

临时减免税，是指除法定减兑税和特定减免税以外的其他减免税，即由国务院根据《中华人民共和国海关法》对某个单位、某类商品、某个项目或某批进口货物的特殊情况给予特别照顾，一案一批，专文下达的减免税。临时减免税一般有单位、品种、期限、金额或数量等限制，不能比照执行。

## 五、关税的缴纳

进口货物自运输工具申报进境之日起14日内，出口货物在货物运抵海关监管区后装货的24小时前，应由进出口货物的纳税人向货物进出境地海关申报，海关根据税则归类和完税价格计算应缴纳的关税和进口环节代征税，并填发税款缴款书。

纳税人应当自海关填发税款缴款书之日起15日内，向指定银行缴纳税款。如关税缴纳期限的最后1日是周末或法定节假日，则关税缴纳期限顺延至周末或法定节假日过后的第1个工作日。为方便纳税人，经申请且海关同意，进出口货物的纳税人可以在设有海关的指运地（启运地）办理海关申报纳税手续。

纳税人因不可抗力或者在国际税收政策调整的情况下，不能按期缴纳税款的，经海关总署批准，可以延期缴纳税款，但最长不得超过6个月。

### ■■■■ 任务实施

### 实践活动1

【活动目标】
通过案例分析，进一步熟练掌握关税的计算。
【活动要求】
根据案例资料进行纳税分析，并计算关税。

【活动实施】

青鸟公司2023年7月份从境外进口一批生产材料，材料价款折合人民币20万元，支付包装费1万元，向自己的采购代理人支付佣金0.5万元，该货物运抵中国境内输入地点起卸前发生运费3万元、保险费2万元，从海关运往企业所在地发生运费0.2万元。已知该批材料适用的关税税率为10%。

要求：计算该公司进口该批材料时应缴纳的关税。

【活动指导】

本题考查的是一般进口货物的完税价格，共由6项费用组成，即材料价款、包装费、运抵中国境内输入地点起卸前发生的运费、保险费构成了完税价格。

关税完税价格=20+1+3+2=26（万元）

关税税额=26×10%=2.6（万元）

**实践活动2**

【活动目标】

通过社会实践，进一步熟悉关税的主要法律规定。

【活动要求】

走访关税的纳税人，了解该纳税人的税目、税率、纳税期限等，填写关于关税的调查表，见表6-15。

【活动实施】

表6-15                                   关于关税的调查表

| 调查项目 | 调查内容 | 备注 |
| --- | --- | --- |
| 纳税人 | | |
| 税率 | | |
| 计算办法 | | |
| 纳税期限 | | |

【活动指导】

1.建议选择有代表性的企业作为调查对象。

2.在调查时可以参考上述关于关税的调查表的调查项目，也可以根据纳税人的实际情况调整或自己设计调查表。

## 任务6.13  社保和住房公积金的计算与智能申报

■■■ **任务描述**

社会保险是对特定人群社会保障制度，住房公积金是单位为在职员工缴纳的长期住房储备金。本任务主要学习社会保险和住房公积金的基本政策，掌握网上填报和缴纳流程，为今后胜任会计岗位工作奠定基础。

**【案例导入】**

李娜是一名会计专业的学生，经学校推荐，她来到诚信代理记账公司开始毕业前的实习工作。她参与了一家外贸公司的代理记账业务，涉及到社会保险和住房公积金的核算。为了顺利完成任务，李娜刻苦学习，了解并掌握了社会保险和住房公积金的基本政策及网上填报和缴纳流程。

■■ ■■ ■■ 知识准备

## 一、社会保险

### （一）基本养老保险

#### 1.含义

基本养老保险是指依法由社会保险行政主管部门负责组织和管理，由用人单位和劳动者个人共同承担养老保险费缴纳义务，员工退休后依法享受养老保险待遇的基本养老保险制度。

#### 2.缴纳义务人

基本养老保险费实行用人单位和员工个人双方缴纳。

#### 3.缴纳基数及缴纳比例

养老保险缴费基数为：单位缴费基数以本单位全部职工工资总额为基数缴费，用人单位实际参保人员缴费工资总额高于本单位全部职工工资总额的，以本单位实际参保人员缴费工资总额为基数缴费，职工个人以本人上年度工资收入总额的月平均数作为本年度月缴费基数。

养老保险缴费比例为：用人单位20%；员工个人8%。

### （二）基本医疗保险

#### 1.含义

基本医疗保险是为了保障员工和退休人员患病时得到基本医疗，享受医疗保险待遇，根据国家有关规定，结合保险统筹地区实际情况而制定的保险制度。

#### 2.缴纳义务人

基本医疗保险费实行用人单位和员工个人双方缴纳。

#### 3.缴纳基数及缴纳比例

基本医疗保险缴费基数为：参保单位以上年度职工工资总额为缴费基数；参保人员以上年度本人工资收入为缴费基数。

基本医疗保险缴费比例一般为：用人单位6%；员工个人2%。

### （三）失业保险

#### 1.含义

失业保险是为了保障失业人员失业期间的基本生活，促进其再就业而制定的保险制度。

### 2.缴纳义务人

失业保险费实行用人单位和员工个人双方缴纳。

### 3.缴纳基数及缴纳比例

失业保险缴费基数与养老保险缴费基数相同。

失业保险缴费比例为：用人单位2%；员工个人1%。

## （四）工伤保险

### 1.含义

工伤保险是为了保障因工作遭受事故伤害或者患职业病的员工获得医疗救治和经济补偿，促进工伤预防和职业康复，分散用人单位的工伤风险而制定的保险制度。

### 2.缴纳义务人

工伤保险费由用人单位缴纳，员工个人不缴纳工伤保险费。

### 3.缴纳基数及缴纳比例

工伤保险缴费基数为：单位缴费基数以本单位全部职工工资总额为基数缴费。

工伤保险缴费比例：用人单位0.2%～1.9%。

## （五）生育保险

### 1.含义

生育保险是为保障企业员工生育期间得到必要的经济补偿和医疗保障，根据有关法律、法规，结合保险统筹地区实际情况而制定的保险制度。

### 2.缴纳义务人

生育保险费由用人单位缴纳，员工个人不缴纳生育保险费。

### 3.缴纳基数及缴纳比例

生育保险缴费基数为：单位缴费基数以本单位全部职工工资总额为基数缴费。

生育保险缴费比例：用人单位0.5%～0.8%。

## 二、住房公积金

## （一）含义

住房公积金，是指国家机关、国有企业、城镇集体企业、外商投资企业、城镇私营企业及其他城镇企业、事业单位、民办非企业单位、社会团体（统称单位）及其在职职工缴存的长期住房储金。

## （二）缴纳义务人

住房公积金实行用人单位和员工个人双方缴纳。

## （三）缴存基数及缴存比例

住房公积金以职工本人上一年度月平均工资作为缴存基数。

住房公积金缴存比例，最低为缴存基数的5%，最高为12%。

## 三、缴费流程

## （一）社保缴费流程

根据"人社（医保）核定、税务征收"的模式，参保缴费登记、增减员、基数申报、统计应缴、社保转移、个人账户管理、待遇发放等业务仍由社保、医保部门负责办理，如图6-1所示。

图6-1　社保、医保缴费流程

### 1.参保登记

企业在通过开办的"一窗通"系统来办理市场主体设立登记时，社会保险经办机构已同步办理完成企业参保登记。企业通过社保部门原渠道为其职工办理社保参保登记。

### 2.应缴费额核定

（1）基数申报、增减员业务。企业缴费人通过社保部门网上服务系统（没有开通的，到社保前台办理）来办理基数申报、人员增减。

（2）推送应缴业务。企业缴费人先通过社保部门按原流程（线上或线下）进行申报，工资申报成功且确认无误后点击"下一步"按钮，向税务推送缴费数据。

### 3.缴费方式

企业缴费人可以通过省电子税务局（以山东省电子税务局为例）、单位社保费管理客户端或者税务部门社会保险费服务窗口办理申报缴费业务。

企业缴费人使用电脑浏览器登录山东省电子税务局，进入国家税务总局山东省电子税务局页面（https：//etax.shandong.chinatax.gov.cn），如图6-2所示。

图6-2　登录山东省电子税务局

输入纳税人识别号、登录密码、验证码后点击"登录"按钮登录系统，新用户请点击"用户注册"按钮进行注册及实名认证。

#### 4.社保费申报

（1）单位社保费申报。

登录后，在首页依次点击"我要办税""社保费缴纳"按钮，进入"社保费申报缴费"模块，如图6-3所示。

**图6-3　社保费申报缴费模块**

选择后，进入"单位社保费申报"页面，选择待申报信息，点击"查询"按钮，可以获取全部数据，也可选择"条件查询"按钮，选择需要申报的数据（单选，同一个征集流水号）进行申报，如图6-4所示。

**图6-4　单位社保费申报**

（2）社保费申报信息查询。

点击"社保费单位申报查询"按钮，可显示该企业所有申报信息；也可以通过点击"费款所属期"按钮进行筛选，如图6-5所示。

图6-5　社保费单位申报查询

### 5.费款缴纳

网上缴款，选择社保记录，点击"缴费"按钮，如图6-6所示。

图6-6　费款缴纳

缴费方式可以选择"三方协议缴费""联行缴费""银行端凭证缴款"。

另外，企业社保可以通过社保费自助终端完成缴费。

社保自助服务终端是一款集社保费缴费、社保费代缴、社保费证明打印、社保费缴费查询、社保费补交和缴费失败处理等功能为一体的自助服务终端。为缴费省去排长队的不便，提供一站式服务。基本步骤如下：

（1）在自助缴费设备上，点击"企业社保缴费"按钮，将身份证放到识别区或者将社保卡插入读卡器进行身份识别。

（2）选择需要缴费的企业。

（3）选择并确认需要缴费的信息。

（4）缴费方式（三方协议）。

（5）缴费完成后，自动打印缴费凭条。

注意事项：操作人必须是企业的法人、财务负责人或办税人员。

微信、支付宝缴社保，邀你扫描"线上小课堂6-4"二维码。

线上小课堂
6-4

（微视频）微信、支付宝缴社保攻略

## （二）医保缴费流程

### 1.参保登记

企业在通过开办的"一窗通"系统来办理市场主体设立登记时，社会保险、医疗保险经办机构已同步办理完成企业参保登记。企业通过医保部门原渠道为其职工办理医保参保登记。

**2.应缴费额核定**

（1）基数申报、增减员业务。企业缴费人通过医保部门网上服务系统（没有开通的，到医保前台办理）办理基数申报、人员增减。

（2）推送应缴业务。企业缴费人先通过医保部门按原流程（线上或线下）进行申报，工资申报成功且确认无误后点击"下一步"按钮，向税务推送缴费数据。

**3.账号注册登录**

方法一：通过医保网厅（http：//lyybj.linyi.gov.cn：7777/hallEnter/#/unitLogin）注册登录。

方法二：通过政务网（http：//lyyb.linyi.gov.cn/info/1315/3464.htm）注册登录。

**4.网上经办**

（1）职工新参保登记，如图6-7所示。

图6-7  职工新参保登记

（2）参保人员增员申报，如图6-8所示。

图6-8  参保人员增员申报

（3）参保人员减员申报，如图6-9所示。

图6-9　参保人员减员申报

（4）缴费申报与变更，如图6-10所示。

图6-10　缴费申报与变更

### 5.业务查询

（1）职工缴费明细查询，如图6-11所示。

图6-11　职工缴费明细查询

（2）单位缴费明细信息查询，如图6-12所示。

图6-12  单位缴费明细信息查询

（3）单位参保信息查询，如图6-13所示。

图6-13  单位参保信息查询

（4）单位信息查询，如图6-14所示。

图6-14  单位信息查询

（5）缴款记录查询，如图6-15所示。

图6-15　缴款记录查询

（6）待审核数据查询，如图6-16所示。

图6-16　待审核数据查询

（7）已审核数据查询，如图6-17所示。

图6-17　已审核数据查询

（8）补缴明细查询，如图6-18所示。

图6-18　补缴明细查询

## ■ ■ ■ 任务实施

### 实践活动1

【活动目标】

通过案例分析，进一步熟练社保缴纳流程。

【活动要求】

根据案例资料，进行社保费缴纳。

【活动实施】

2023年7月，临海市华云互联科技服务公司缴纳社保情况见表6-16，根据此表进行社保费缴纳。

表6-16　　　　　　　华云互联科技服务公司缴纳社保情况

| 序号 | 姓名 | 身份证号码 | 缴费基数 | 个人扣款项 | | | 个人扣款合计 | 单位缴纳保险项 | | | | | | 单位缴纳合计 |
| --- | --- | --- | --- | --- | --- | --- | --- | --- | --- | --- | --- | --- | --- | --- |
| | | | | 养老8% | 医疗2% | 失业1% | | 养老20% | 医疗6% | 大病救助 | 工伤0.2% | 失业2% | | |
| 1 | 王福成 | 371302197912230616 | 6 000 | 480.00 | 120.00 | 60.00 | 660.00 | 1 200.00 | 360.00 | 5 | 12.00 | 120.00 | 1 697.00 |
| 2 | 蒋甜甜 | 371321199004195027 | 4 121 | 329.68 | 82.42 | 41.21 | 453.31 | 824.20 | 247.26 | 5 | 8.24 | 82.42 | 1 167.12 |
| 3 | 孟芳 | 371323198402214318 | 4 121 | 329.68 | 82.42 | 41.21 | 453.31 | 824.20 | 247.26 | 5 | 8.24 | 82.42 | 1 167.12 |
| 4 | 季曾海 | 230229199410051535 | 4 121 | 329.68 | 82.42 | 41.21 | 453.31 | 824.20 | 247.26 | 5 | 8.24 | 82.42 | 1 167.12 |
| 5 | 费芸 | 371311199501252323 | 4 121 | 329.68 | 82.42 | 41.21 | 453.31 | 824.20 | 247.26 | 5 | 8.24 | 82.42 | 1 167.12 |
| 6 | 刘晚晴 | 371321199504226126 | 4 121 | 329.68 | 82.42 | 41.21 | 453.31 | 824.20 | 247.26 | 5 | 8.24 | 82.42 | 1 167.12 |
| 7 | 姜蕊 | 371302200011014340 | 4 121 | 329.68 | 82.42 | 41.21 | 453.31 | 824.20 | 247.26 | 5 | 8.24 | 82.42 | 1 167.12 |
| 8 | 齐丽丽 | 371326198906230449 | 4 121 | 329.68 | 82.42 | 41.21 | 453.31 | 824.20 | 247.26 | 5 | 8.24 | 82.42 | 1 167.12 |
| 9 | 孙雯 | 371324198801030741 | 4 121 | 329.68 | 82.42 | 41.21 | 453.31 | 824.20 | 247.26 | 5 | 8.24 | 82.42 | 1 167.12 |
| 10 | 梁凤君 | 37132219930416792X | 4 121 | 329.68 | 82.42 | 41.21 | 453.31 | 824.20 | 247.26 | 5 | 8.24 | 82.42 | 1 167.12 |
| 11 | 郑婉如 | 371327199911072225 | 4 121 | 329.68 | 82.42 | 41.21 | 453.31 | 824.20 | 247.26 | 5 | 8.24 | 82.42 | 1 167.12 |
| 合计 | | | | | | | 5 193.10 | 合计 | | | | | 13 368.20 |

【活动指导】

本题考查的是社保缴纳基本流程，应严格按照社保缴纳流程完成社保缴纳操作。

### 实践活动2

【活动目标】

通过社会实践，进一步熟悉社保和住房公积金的主要法律规定。

【活动要求】

走访企业员工，了解员工的"五险一金"缴纳情况，填写关于"五险一金"的调查表，见表6-17。

【活动实施】

表6-17                          关于"五险一金"的调查表

| 调查项目 | 调查内容 | 备注 |
| --- | --- | --- |
| 基本养老保险 | | |
| 基本医疗保险 | | |
| 失业保险 | | |
| 工伤保险 | | |
| 生育保险 | | |
| 住房公积金 | | |

【活动指导】

1.建议选择有代表性的企业作为调查对象。

2.在调查时可以参考上述关于"五险一金"调查表的调查项目，也可以根据调查企业的实际情况调整调查表。

## 项目小结

本项目主要介绍了其他税费，税费金额虽然较少，但是征收范围广泛，具有重要的经济调节作用，是国家主体税种不可缺少的补充。在学习时应注意区分每个税种的征税范围和应纳税额的计算方法，并熟悉其纳税申报工作。

## 主要参考文献

［1］中国注册会计师协会. 税法——2023年度注册会计师全国统一考试辅导教材［M］. 北京：经济科学出版社，2023.

［2］全国注册税务师执业资格考试教材编写组. 税法Ⅰ——2023年度全国注册税务师执业资格考试教材［M］. 北京：中国税务出版社，2023.

［3］全国注册税务师执业资格考试教材编写组. 税法Ⅱ——2023年度全国注册税务师执业资格考试教材［M］. 北京：中国税务出版社，2023.